はじめに

息子が1歳になるちょっと前からはじまった育児雑誌〈クーヨン〉の連載。忙しい日々を送る皆さんに、ほっとする時間を持ってもらえたら！　と、絵本作家なりのテンポで、「わがやのホットちゃん」というネーミングにしました。

ふだん手がけている絵本の作品と違い、自分の家族のエピソードなので、最初は気恥ずかしさもありました。でも、毎月、日常のひとコマを描きながら、親子ともに成長してきたように思います。そしてその息子、ホットちゃんも、この春で6歳に！

毎日のお世話に、家事に、仕事にと、かあちゃんは忙しいけれど、やわらかいほっぺ、抱っこすればいつでもあたたかい「ＨＯＴ」ちゃん！

ぎこちない新米かあちゃんの子育てマンガをとおして、みなさんと育児のたのしみをわかち合えたら!!　と思います。

自然分娩に憧れて!!

2004年 夏の暑い日
何だか体が熱っぽく……
妊娠したかもしれないよ
!!
本当?
夫
ドキドキ
よかったですね!! 2週間後に心拍を確認しましょう!!
明日香医院のドアをノックしました
赤ちゃんはまだ1cm 豆つぶのよう
船酔いみたいで気持ちわるいな
しばらくツワリで静かにすごし
ようやく安定期に!!
1日3時間のお散歩をして下さい!!
えっそんなに?

おちつけ!!

そして更に食欲旺盛に!!
わあ1ヶ月で2キロ増えてる….
このままいくとまずいので食事表つけて下さいね
助産師さん
毎日の食事をノートに書きとめました
散歩も続けました
あの人も妊婦さんだ
やたらと妊婦さんが目につきます
冬の寒空の下
お腹の中で赤ちゃんもモゾモゾ大きくなってるかなー
スタスタ
スタスタ
仕事の連載もあり…出産前の追い込みも!!
ついつい食べものの話ばかり描いてしまう…
フウー
がんばるぞ!!

ホットちゃんがおなかにいた頃

妊娠、出産は本当にさまざまで、きっとひとそれぞれにドラマがあると思います。子どもを授かってうれしい気持ちと同時に、母になる不安（夫は父になる不安）と、それまで気に留めていなかった世界のはじまりでした。

わたしの場合、ホットちゃんの前にわずか9週で流産も経験しました。その当時は経験も浅く、悲劇のヒロインのように落ち込みましたが、幸い数ヶ月後にホットちゃんを授かり、いのちについて考える時間を持てたことで、悲しみを少しずつ自然と乗り越えられたように思います。

いざ出産!!

桜が満開!! 予定日まであと2週間のある日
うーお腹が重い
先生はいつ産まれてきてもよいといってたな!!
夕方、お腹が痛くなってきました
ザー ザー
友達にかりた海の波音CDをきく
おちつけ!!
夜、夫が帰宅 車で産院へむかいました!!
ドライブするといいらしいよ
しかし
助産師さん
まだ早いようなので今夜は戻って下さい
はいそうします!!

翌日、ふたたび産院へ
どうですか？寝れました？
朝出血がありました
その日は陣痛の嵐
あ〜う〜
あ〜う〜
あ〜う〜
イタタタタタ
がんばってね
いつまで続くの〜？
そして深夜の1時
けっこう固いもんだね
へその緒をきらせてもらい
ホットちゃん無事に誕生!!。
かわいいなあ!!
その夜は静かな和室でクタクタの体を休ませてもらいました
これからよろしくね

ホットちゃんが生まれた頃

２００５年４月、桜が満開の頃、息子の太心《たしん》は東京・高井戸の明日香医院で生まれました。自然分娩に向けて毎日お散歩に励み、足腰と産道を鍛えましたが、分娩時間は陣痛もふくめ55時間とちょっと長めでありました。

クタクタになりながらも、つるりと出てきたわが子を、へその緒がつながったまま抱かせてもらったときは、やっと終わったうれしさと、人間の神秘にじんわりと感動しました。世の中のおかあさんは「すごいな！」と、母の強さを知りました。

０歳のできごと!!

出産し、はじめの一ヶ月は実家にお世話になりました
お風呂に入れてもらったり
気持ちよさそう
みんみ
じいじ
私はひたすら3時間ごとの授乳で昼も夜もおっぱいの生活
授乳用クッション
一ヶ月後
アパートに戻ると夫婦で何でもやらねばなりません
買いもの行くからホットちゃんみていてね
わかったでも泣いちゃったね
フエーン
よしよし
ベビーカーを買って外出
寝た寝た～
ホットちゃんが寝るとホッとする母ちゃんです

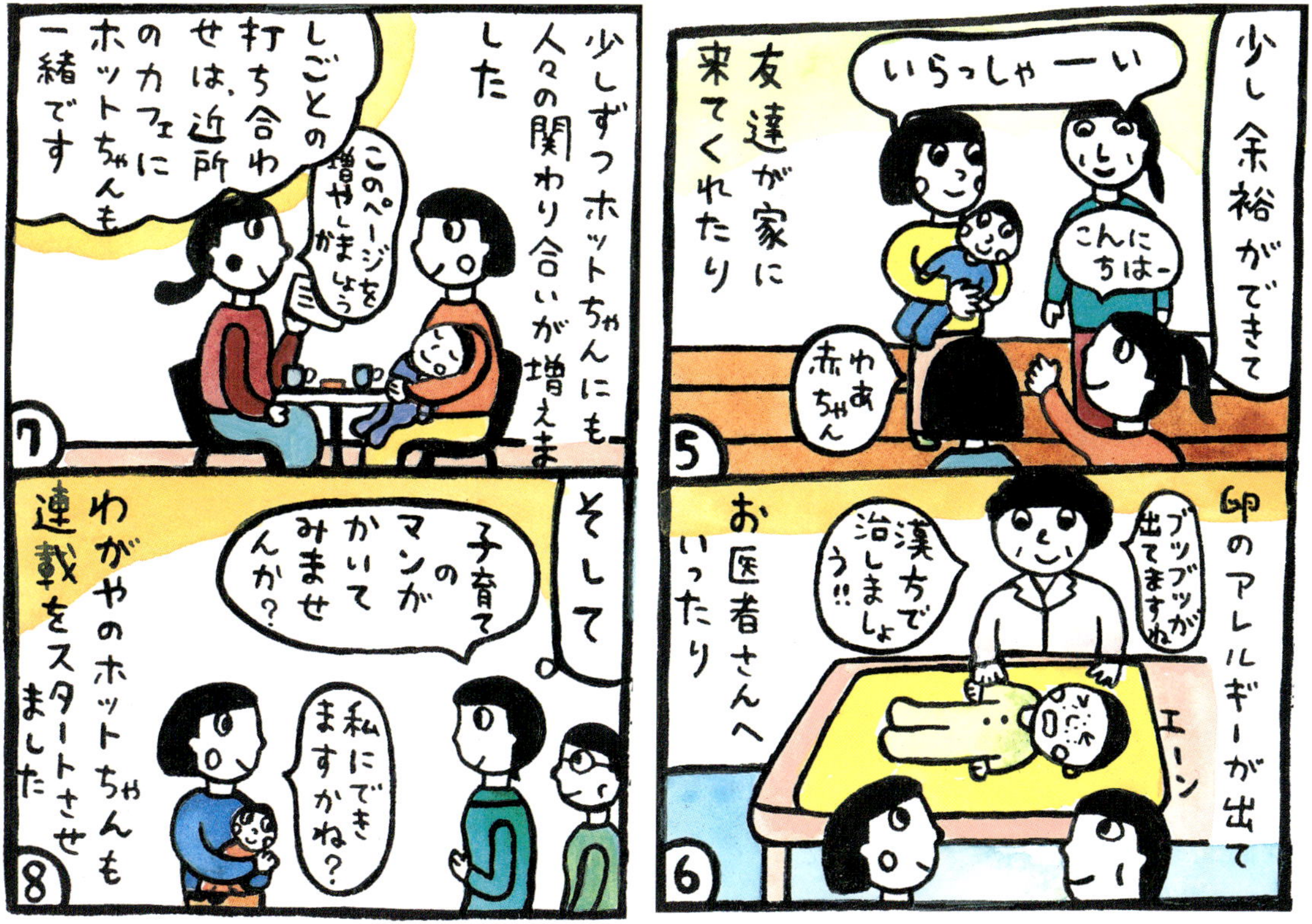
少し余裕ができて
友達が家に来てくれたり
いらっしゃーい
こんにちはー
わあ赤ちゃん
卵のアレルギーが出て
お医者さんへいったり
ブツブツが出てますね
漢方で治しましょう!!
エーン
少しずつホットちゃんにも人々の関わり合いが増えました
しごとの打ち合わせは、近所のカフェにホットちゃんも一緒です
このページを増やしましょうか
そして
子育てのマンガかいてみませんか?
私にできますかね?
わがやのホットちゃんも連載をスタートさせました

ホットちゃんがやってきた!!

あかちゃんがやってきて、わたしたち夫婦の生活もガラリと変わりました。自由気ままな時間割の暮らしから、すっかり早寝早起きに。「母乳によい食事を」と和食派にもなりました。

あかちゃんはお日様とともに起き、日が沈めば眠くなる……。教えたわけでもないのに、生まれながらにリズムを持っているのですね。そんな時間の流れにひたすら寄り添ううちに、せかせかしたこころも静かに落ち着いていることに気づくのでした。

わがやのホットちゃん

9ヶ月～5歳10ヶ月

ホットちゃんを出産し、
大変だけどおもしろい!!
エネルギーに満ちた
育児がはじまりました。

『はじめまして!』

昼
ごきげんなホットちゃんこと太心《たしん》です
アーアー
フゲー
只今体重9キロもうすぐ一歳です
1
つむじが2つのホットちゃん
よって、まん中のもがトサカのように立ってる
2

ホットちゃんが生まれて

ホットちゃんが誕生し、はじめての育児……。あかちゃんの重さに抱っこもままならず、手首を痛め、スポーツ用のサポーターをつけて、生活していました（笑）。

そんな中、ホットちゃんにジロリと横目で「ぼくのお世話、このひとで大丈夫かな？」と見守られていた新米かあちゃん。少しずつ母親として、毎日のお世話もじょうずになり、だんだんと、信頼してもらえるようになった気がします。

夢中でやっていれば何とかなり、そのつみ重ねがお互いの成長につながるのですね。

『おっぱいがいっぱい!』

ただいま10ヶ月

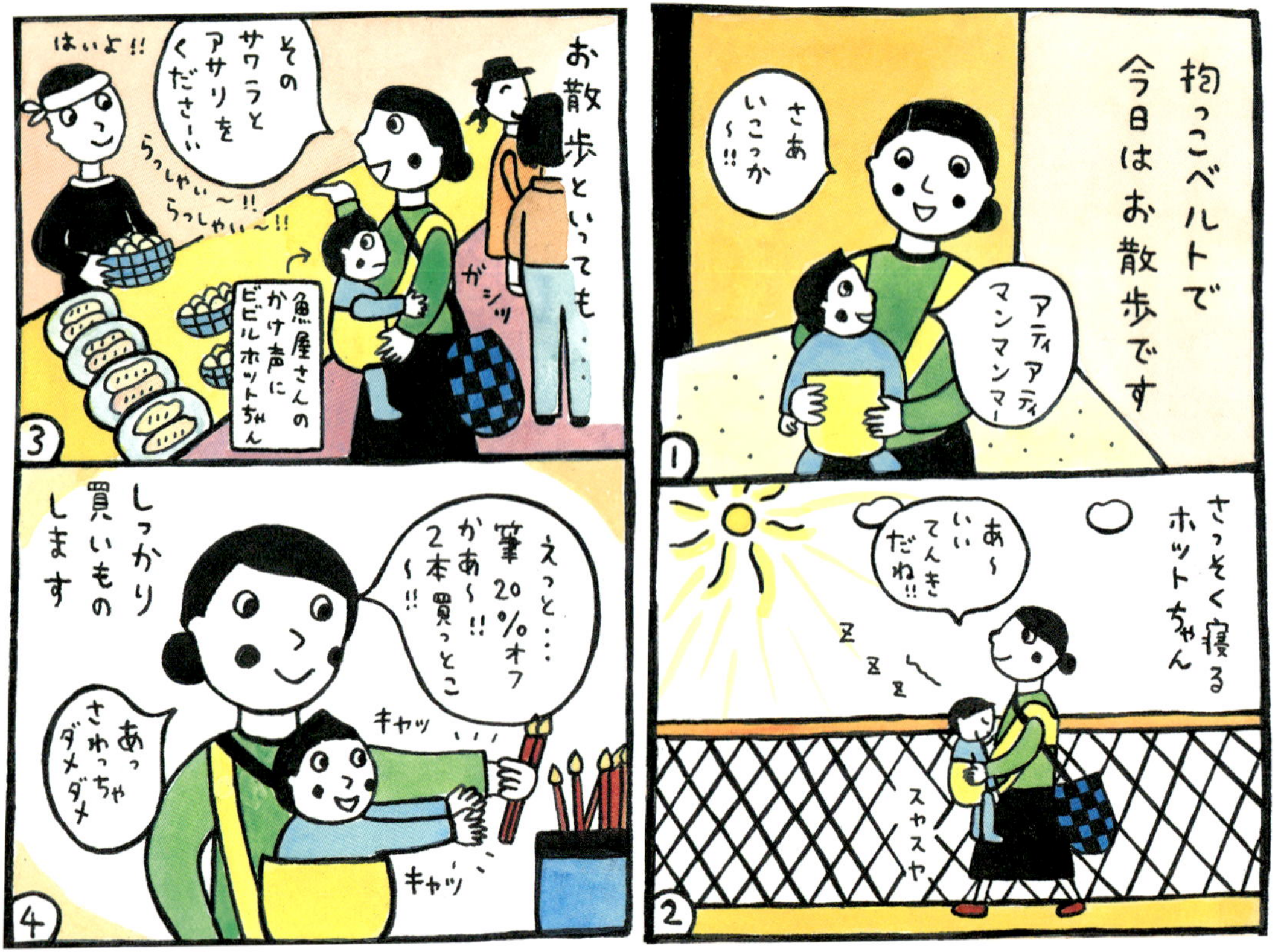

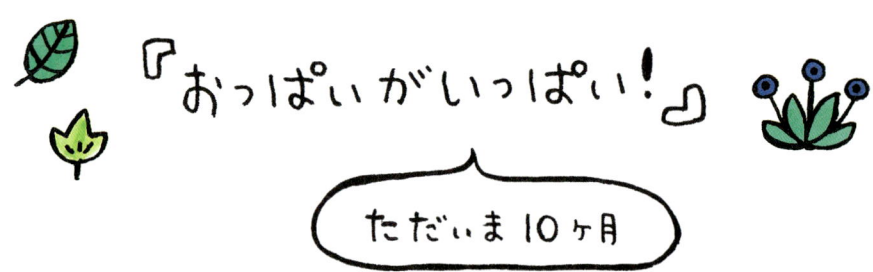

おっぱいの話

生まれた初日は、おっぱいは出ず……。翌日から少しずつ増えて、ひたすら授乳した記憶があります。

おいしいおっぱいが出るように、温かいほうじ茶を飲んだり、具だくさんの汁ものやお米を食べるとよい、と産院や友人から教えてもらいました。

ホットちゃんは、その後3歳になるまでおっぱいを飲んでいました。お誕生日の前から「そろそろやめようね!」と周りに言ってもらい、本人もその気になり、ようやくやめることができました。

おっぱいの役目を終え、ホッとしたような、少しさみしいような気持ちの、かあちゃんでした。

5
そしてデパートの授乳室へダッシュ~
いそげいそげもうすぐだからね~
アハアハ
おなかがすくとアハアハとのどをならす
スタスタスタスタ
6
さあついたついた!!
他のあかちゃんが気になってしかたのないホットちゃん
へへ
キョロキョロ
7
何ヶ月ですか~?
もうすぐ10ヶ月です
知らない同士でも時には話がはずみます 嬉しい
8
ガタン ゴトン ガタン
おなかすいたな~!!
帰りは電車にのり、家路へと急ぐ母子であった 授乳中はお腹が空くのよね

『はじめてのヘアカット！』

ただいま11ヶ月

私達夫婦は揃ってロンゲです
ずいぶん伸びたなー
出産で一年位髪切れなかったし!!
モッサリ
ウィウィ
3人で美容院へ行くことに!!
MOS DEF
美容師のSさんと犬のゾラちゃんが出迎えてくれました~!!
いらっしゃ~い
こんにちは~
ステキなお店
まずは私から~
母の行方を気にするホットちゃん
じー
母ちゃん何してるんだろ?と不安気
泣かれては困るので必死にあやす父ちゃん
ウキャキャ
ほら~
ほら~
ワッショイ
ワッショイ
MOS

おかっぱ頭

わたし自身は、3ヶ月に1回くらい美容室へ行っていましたが、妊娠・出産とともに自分の姿を眺める時間もなくなり、気づいたときにはモサモサヘアでびっくりしています。

ホットちゃんの髪型はおかっぱです。かあちゃんが切ると、パッツリ切りすぎて、ひと昔前の子どもみたいになりがち。そこで、とうちゃんに頼んだら大正解!! シャギーバサミでちょっといまふうにしてくれるのでホットちゃんも堂々と外を歩けます。はじめは泣いていましたが、いまではじーっと座って散髪に耐えています。

『実家へGO!』

ただいま満1歳

私の実家は山と湖の町です
時々ホットちゃんをつれて帰ります
こんにちはー
よく来たねー!!
しげじいちゃんとみっちばあちゃんです
イア!!
このところ、指さしがお得意
畑にいこうか!!
みっちばあちゃんはホットちゃんを散歩に連れ出します
ウィウィ
ガタゴト
ガタゴト

じいじとみんみ

わたしの両親が住んでいるのは、山と湖に囲まれた田舎町。おじいちゃんとおばあちゃん、孫が生まれて何と呼ばせようか考えた結果、じいちゃんとみっちに決定!!　しかし……ホットちゃんの発音により、じいじとみんみになりました。

ホットちゃんの自宅は都会で、マンションの並ぶアスファルトの道ばかり。そこでわたしの実家に行くと、畑へ行ったり、山を歩いたり、緑に親しむチャンスです。

ホットちゃん、じつは猫アレルギーもあり、実家の猫にクシャミを連発していますが、将来は猫を飼うと言っています。治るといいけれど。

実家の2匹の猫たちとも友達です
こんにちは!! ホットちゃん
いらっしゃーい!!
ミャオン
ニャー
シンちゃん
フアリ
フゲフゲブー
つねらないでよー!!
フギャー
スタスタ
そして先日、田んぼのモミまきに参加!! 外で食べるお昼は最高です!!
カエルもたくさん～
ホットちゃん一歳になりました
おいしいねー
外だと自分で食べたがるんだよ
ガブッ
スゴイスゴイ

『児童館に行ってきました！』

ただいま 1歳1ヶ月

昔と違って近所に同じ歳の子もいないし・・・
親としてはちょっと気がかりなところ
カタ カタ
歩く練習中のホットちゃん
そこでネットで調べた児童館の赤ちゃんの日にでかけてみました
久々にキンチョー!!
ドキドキ
わあ～赤ちゃんとママでいっぱいだ!!
ワー
キャ
キャ
ワー
ワー
うちは一歳一ヶ月になります
あんよ上手ね
うちと同じですねー!!
よろしくね
トコトコ
ヨチヨチ
ガシッ

同じ年頃

街へ出て、ホットちゃんが自然と仲良くなるのは、背丈も年頃も、同じくらいの子が多いです。

このときは親のほうがちょっぴりドキドキしながら児童館へ行ってみました。そこで出会ったひと組の親子とは、子どもの誕生日が近く、話が合ったので、引っ越しをしたいまでもお便りを出したり、たまーに会ってごはんを食べたりしています。

ちょっと勇気を出して、お友だちをつくるのも、あかちゃんの頃は大切な気がします。

キャ
キャ
キャ
お友達がたくさんいるねー
はじめはおどろくホットちゃんも次第に慣れて遊びだした
5
よかったねー!!
アーイーアーバッバッバッ
うちにはないカラフルな乗り物が気に入ったようです
6
しかしゆだんしていると・・・
あっ!! とられた
7
ガー
ピュ〜
わあーん
ありゃりゃ
世の中はキビシイ〜!! ですね
8

『手づかみで食べる朝ごはん!?』

ただいま 1歳2ヶ月

1
早起きなホットちゃん
ZZZ
スースー
先に起きて一人で遊んでいる
母は爆睡
2
キャー たすけてー 母ちゃんもおきるよー
バッ バッ バッ
鼻の穴をねらわれます
3
ムギュ〜
おはよう!!
くるしいけどまんざらでもないホットちゃん
4
一日のはじまりは、朝ごはん!!
手際よくが身上です

早起きとごはんの話

あかちゃんは早起きです（自然のリズムでそうなるのか、早く寝るからそうなるのか？）あかちゃんに先に起きられると、おかあさんは焦ります。大きくなると放っておいても自分で何かして過ごして待っているけど、あかちゃんは何をしでかすかわからないので、眠くても頑張って起きていました。

離乳食、じつはうちではあまり熱心につくってあげていません。親の食べるものの中から、食べられそうなものをつぶしてあげ、あとは母乳で栄養補給をしていました。

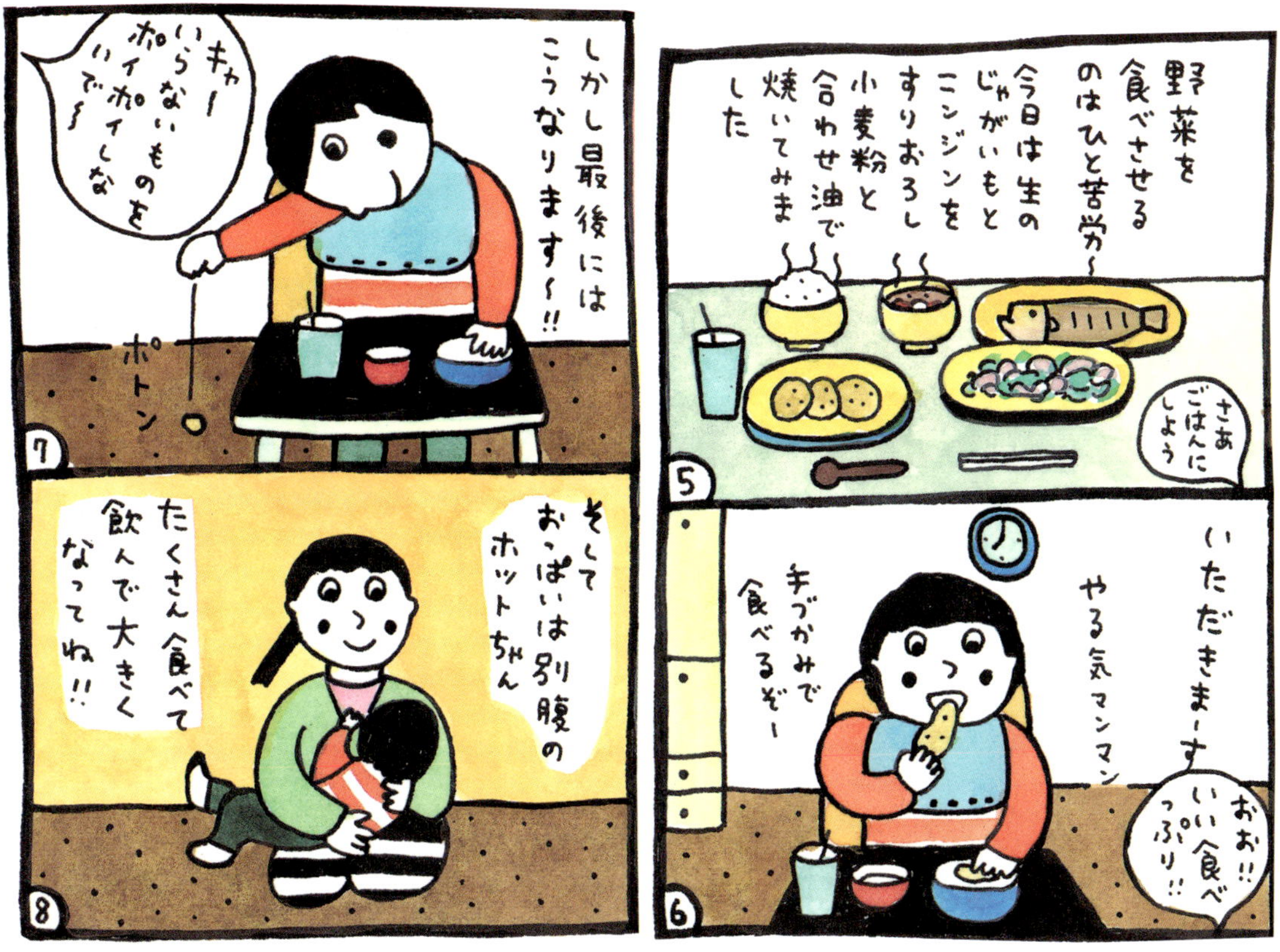
5
野菜を食べさせるのはひと苦労〜
今日は生のじゃがいもとニンジンをすりおろし小麦粉と合わせ油で焼いてみました
さあごはんにしよう
6
いただきま〜す
やる気マンマン
手づかみで食べるぞ〜
おお!! いい食べっぷり!!
7
しかし最後にはこうなります〜!!
キャー いらないものをポイポイしないで〜
ポトン
8
そしておっぱいは別腹のホットちゃん
たくさん食べて飲んで大きくなってね!!

『アパートの外へ出た〜い!』

ただいま1歳3ヶ月

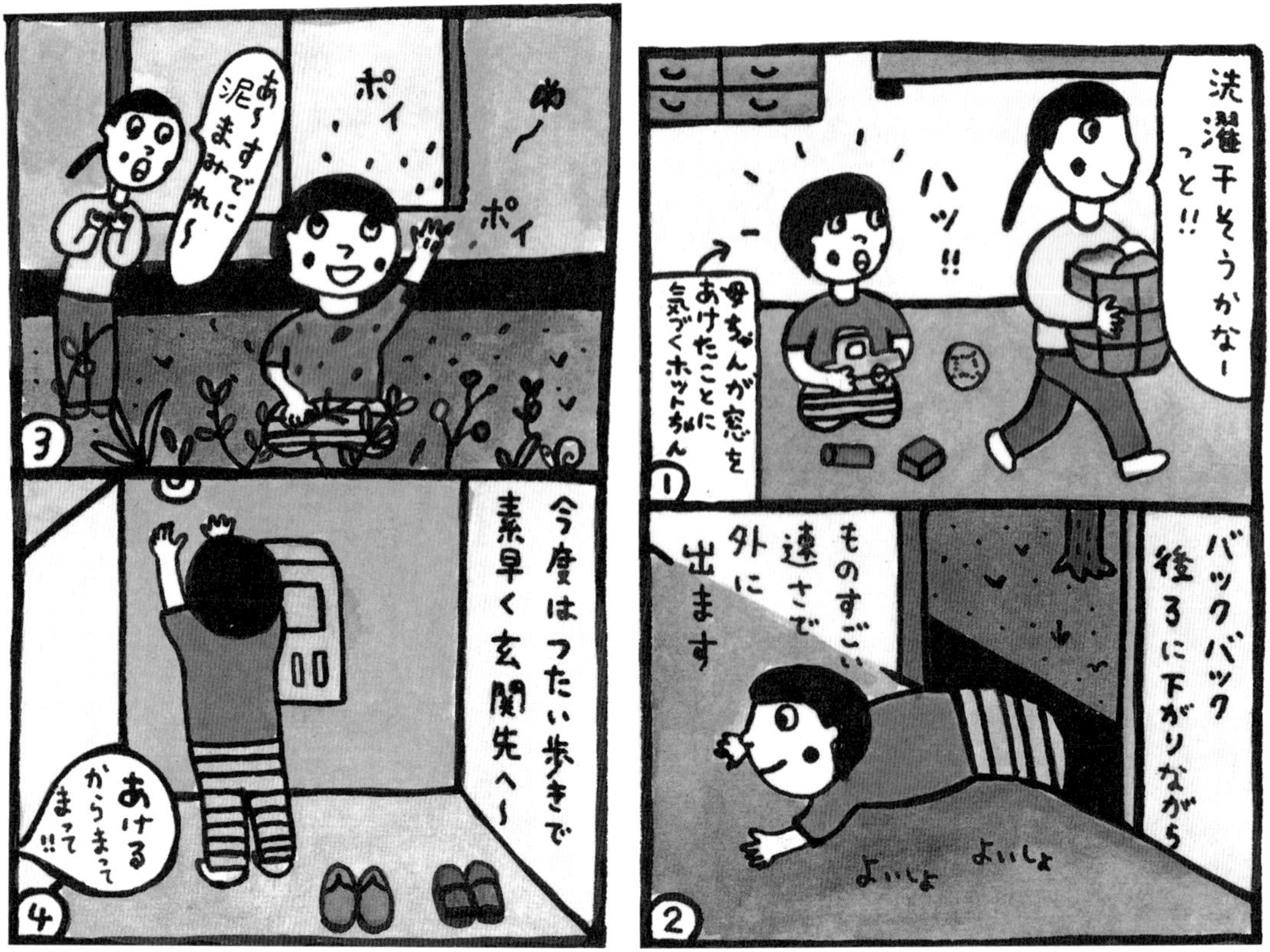

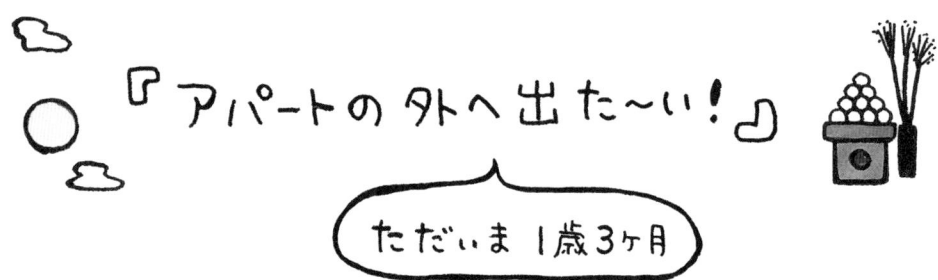

歩く直前

ハイハイの時代は家の中で満足していたけれど、つかまって立つようになってくると、外へ外へ出たくなるようでアパートの周辺に興味津々。隙あらば外へ出て、大家さんやお隣さんに会って話しかけてもらったり、アパートの外階段を上り下りしたり。自分の世界を少しずつ広げているようでした。

　親が見ていないとダメなので、いつもヒヤヒヤしながらついてまわるのが日課でした。アパートの周りの竹林を歩いたり、ちいさな植物を見つけたりと、子どもの目線は新鮮でもあります。

5
おとなりの自転車にも夢中!!
気をつけるんだよー
6
階段を何回も上り下り
アスリートのホットちゃん
ゆっくりねー
7
そんなホットちゃんもまだ一人じゃ歩けません
いつ歩けるようになるかなー!!
イチニサンシ
8
でもきっともうすぐ!!
パッ!!
お!! 一人で立てたねー
パチパチ
一ヶ月もしたら歩いているかも!! そんな予感がします

『ひいおばあちゃんに会いに!』

ただいま 1歳4ヶ月

ホットちゃんは はじめて 飛行機に 乗って 高知へ 旅を しました
あっ!! ちんちん電車みてみて~!!
ガタン
ゴトン
ひいおばあちゃんの家に つきました
まあ~ よくきたね~
おばあちゃん こんにちは
トコ
トコ
写真は送っていたけれど 実際に会うのは 初めての2人です
そうかね~ 元気がいいね~
あ~ あ~ バッバッ

高知のひいおばあちゃん

ひいおばあちゃんは、この数年後に亡くなり、最近は高知へ行く機会も減りました。ホットちゃんを連れて行き、おばあちゃんがよろこんでくれたのは、よい思い出です。1歳4ヶ月でやっと歩いたのもこの家です。自宅より家が広くて、環境が変わったのも、後押ししてくれたのかな。

高知の街は南国土佐という名の通り暖かく、チンチン電車も、曜日ごとに立ち並ぶ市なども素朴で素敵です。

子どもが生まれてよく思うのは親から子へ～その子が親になり～と、いのちは続いているものなんだなーということです。

5
今回はおじさんとおばさんが留守の間、私達夫婦でおばあちゃんの食事作りを担当!!
おばあちゃんもホットちゃんも…
やわらかいものがいいね!!
マンマ
6
そして85歳のひいおばあちゃんと1歳のひ孫で同じものを食べました
高知さんさんテレビ
アアア
おいしいねー
7
広い部屋にはしゃぐホットちゃんひいおばあちゃんに遊んでもらう
ばあー
あっみつけたー!!こんなとこにおった
8
旅でひとまわり成長したホットちゃん!!とうとう歩けるようになりました
すごいすごい!!
パチパチ
スタスタ

#『ホットちゃんのお友だち!』

ただいま1歳5ヶ月

今日は児童館で知り合ったまきこさん・きょうちゃん親子とおでかけです
ペチャペチャ
クチャクチャ
アーアー
ガラガラー
偶然誕生日の近い2人です 初めはちょっぴりキンチョウ
こんにちはーって
ひさしぶりだね
ホットちゃん
きょうちゃん
近所のスタジオジブリへ行ってみました たくさんの人と展示をみておどろく2人
子どもだけで遊ぶスペースで
ヤッホー
キャ
キャ
ポツン
ママがいないと中に入っていけない2人

友だちの輪

成長とともに、いろんな友だちに出会ってきました。きょうちゃんは、あかちゃんのときのお友だち。2歳半くらいからは、保育園へ行きはじめ、転園を経験してきたので、その地その地で友だちも増え、ちいさいながらに別れなどもありました。

いまの保育園は2年間通う予定で入園、気の合う仲のよい友だちが来てるかな⁉ と、朝はソワソワしてるホットちゃんです。友だちがいるだけで元気になれる‼ そんな毎日を過ごしてくれると、かあちゃんもとうちゃんも、仕事に安心して励むことができます。

うちは卵のアレルギーなの
食事作りが大変ね!!
ハーイ
ブーブー
親同士は子育ての話ができるのも楽しみのひとつ
5
帰りがけ、気持ちのよさそうな原っぱをみつけました
いってみようかー!!
よくあそぶとよくねていいんだよね
6
散歩の犬に興味津々のきょうちゃん
ワン ワン
アッアッ
7
夕暮れに飛行機みーつけた!!
アーアー
パーポ
そろそろ家に帰ろうか!!
かわいいお2人さん
8

『おどる!! ホットちゃん!』

ただいま 1歳6ヶ月

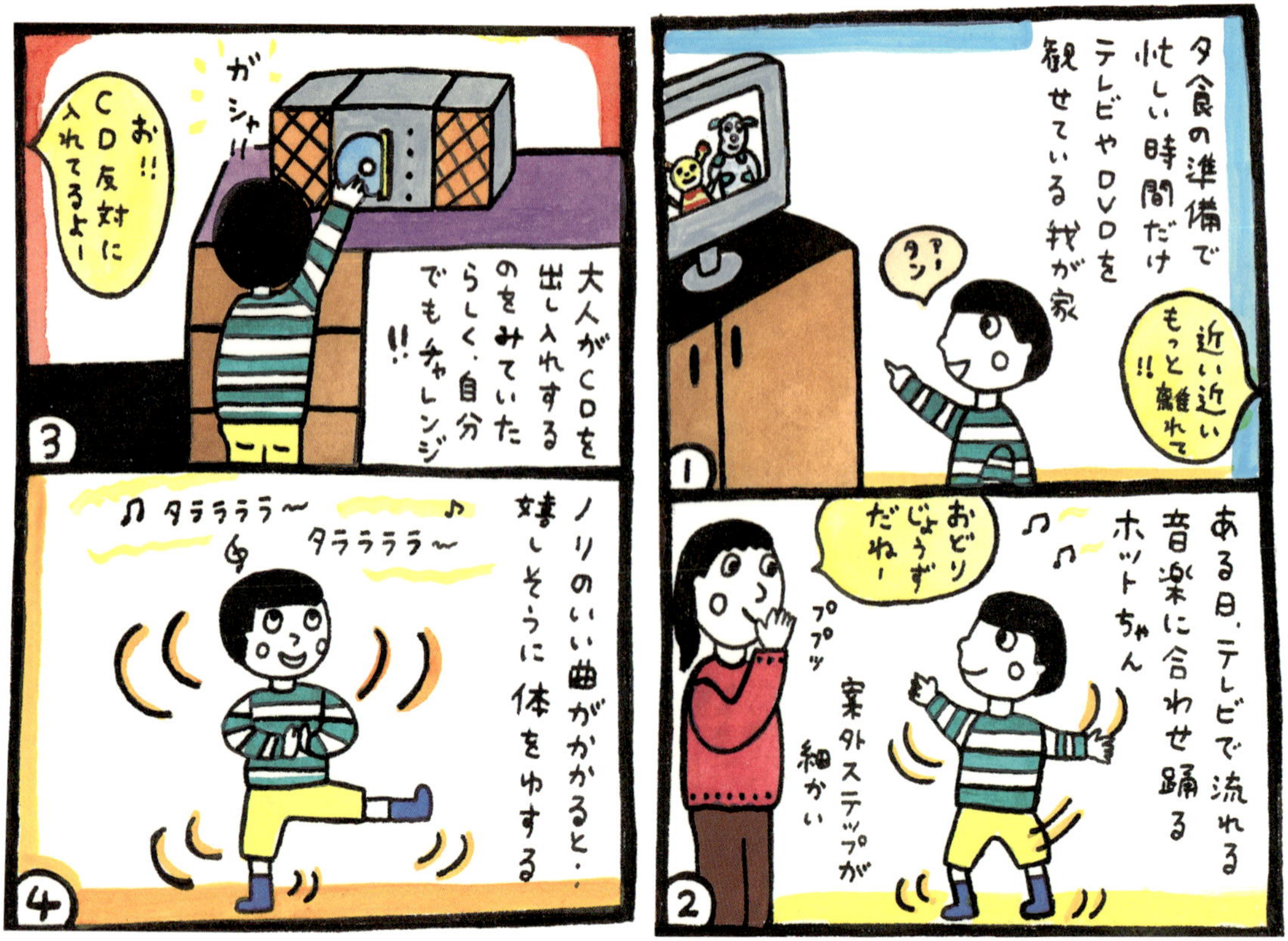

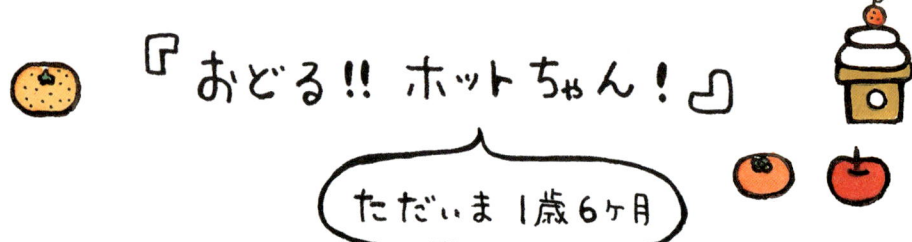

ダンスはたのしい

ホットちゃんのとうちゃんの両親は踊りをしていて、そのせいか、ホットちゃんも生まれつきリズム感はいいように思います。ちいさい頃からTVやCDの音楽に合わせ、よくおどっていました。そんな姿はかわいいので、ビデオカメラに撮ってあり、いまでもたまに上映して笑います。

　とうちゃんの家族は踊りや音楽、かあちゃんの家族は絵描き、芸術一家だねーと周りから言われますが、ホットちゃんは将来どんな才能を開花してくれるかな？

5
ノッてくると、母ちゃんにつかまり、思いっきり踊る
おお激しいねー!!
6
そういえば父ちゃんの両親は、2人共踊る人達だ!!
昔、日本舞踊を!!
現役の現代舞踏のダンサー
7
先日、三味線を弾いてくれた時も・・・
はじめはモジモジしていたが・・・
ヨーッ!!
ベンベンベベンベン
8
父ちゃんはパーカッション
タタンタンタン
やっぱり生演奏はいいねぇ!! 踊るホットちゃん人気急上昇中

『風邪っぴきのホットちゃん！』

ただいま 1歳7ヶ月

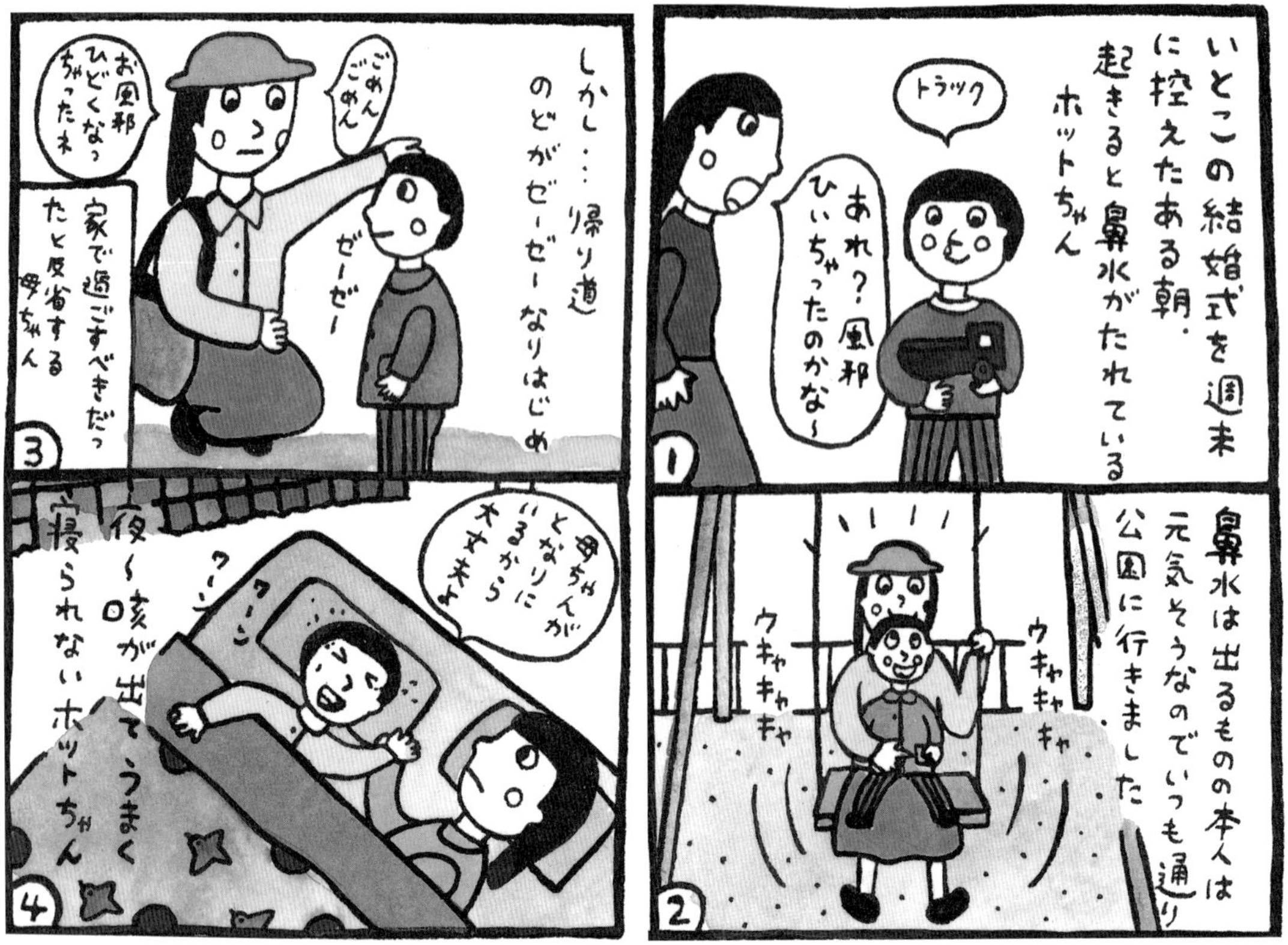

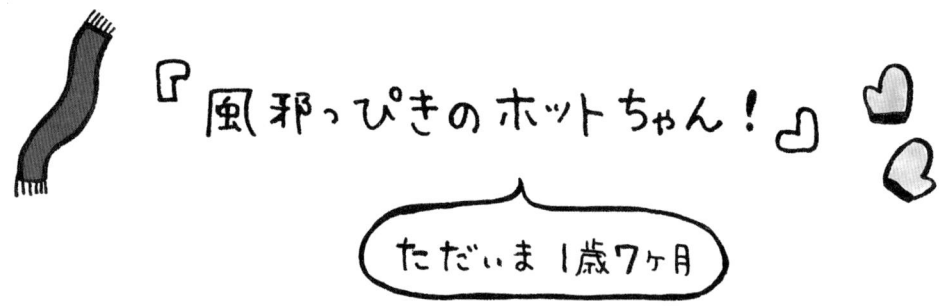

風邪を引くと

ちいさいときは、特に親子が一心同体で生活しているので、子どもが風邪を引くと、親も後からうつることがあります。

子どもは普段からハイテンションなので、少し咳をしていても平気かなっと、そのままにしておくと……急に熱が出てぐったりしていることもあり、展開が早いのが特徴です（大人はダラダラと長引き、これもしんどいですね）。

ホットちゃんも、人混みにあそびに行くと、すぐ風邪を引きましたが、あれも徐々に免疫力を高めていたのかなー、と思います。

仕方なく抱っこしたままソファによりかかって仮眠しました
うー重いぐっすり眠ったら布団におこう
翌朝、お医者さんへ行こうと決意!!
ハイアーンして!!
がんばって!!
シロップの甘いお薬もらいました
2～3日家でダラダラと、過ごしました
鼻チーンして!!
鼻が出ると自分でティッシュを指さすホットちゃんです
そして週末はいとこの結婚式!! 風邪も治りお祝いの席に出られてよかった!!
おめでとう～!!

『車が大好き！』

ただいま 1歳8ヶ月

ホットちゃんは、ミニカーをたくさん持っていて棚に並べて遊びます
PLAY LAND
車に関する絵本や写真の本で読書タイム
やけに熱心!!
かわったかたちのバス
まちをはしるトラック
どうしてそんなに乗り物が好きなんだろう？
それなーに？
トラック
得意の言葉は「トラック」と「タイヤ」です
街へ出ると車のチェックに余念がありません
タクチ！

集中力

ホットちゃんの好きという集中力はこのころから力を発揮していたように思います。車好き↓トーマス好き↓仮面ライダー好き↓ポケモン好き……と、好きなものやキャラクターもどんどん移り変わってきましたが、その世界にどっぷりとはまり、全部を覚える集中力、大人には真似できません。

このころは、車やタイヤが大好きで、外へ出れば、「バス」「タクチー」「ピーポー」と一生懸命発音していました。わたしが子どもの頃は、人形や着せ替えに夢中だったので、ホットちゃんの乗りもの好きにはびっくりしました。

本物の消防車を目の前にしてあ然!!のホットちゃん
すごいね!!
5
ガー
コンクリートミキサー車だ
トラック
いつのまにか私も車にくわしくなってる??
6
郵便局の赤いバンは憧れ
郵〒便
あっスミマセン
止まっている車はさわりたくて仕方のないホットちゃん
車が好きなのやね
7
あっ!!いってしまった
追いかけるホットちゃん
号泣です!!
ブーン
ワーン
8

『公園に行ってみよう！』

ただいま1歳9ヶ月

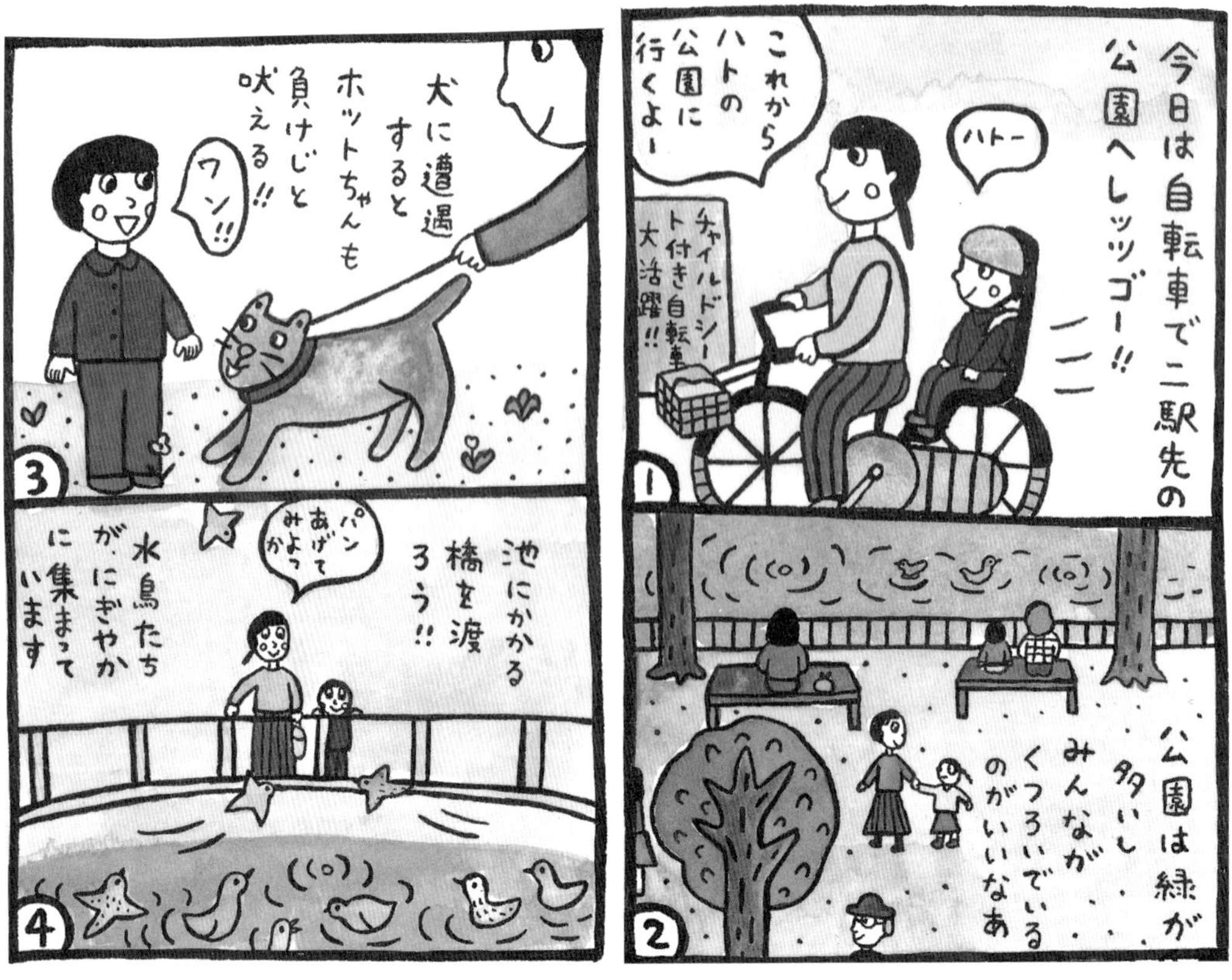

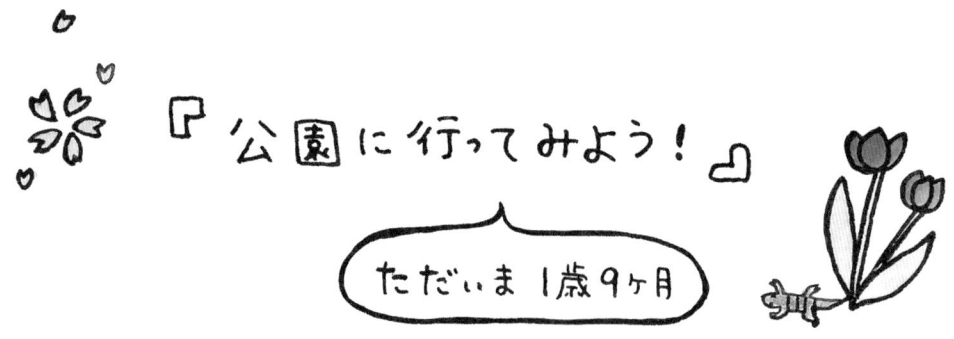

自転車で公園のはしご

　チャイルドシート付きの自転車を手にいれたら、少し遠出が可能になりました。いつも同じ公園ではつまらないので、あちこちへ公園のはしごをするように!!　ホットちゃんも、トコトコとヨチヨチ歩きで同じ目線のハトを追いかけたり、いろいろな生きものや人びとに出会いました。

　子どもを通してその世界を見てみると、大人が通り過ぎてしまう場所にも、ちいさいいのちがたくさんあることに気づかされます。

5
そしてハトを見つけるホットちゃん
ハトー
まてーまてー!!
6
ハトも必死に逃げます
ハトー
7
同じくらいの歳の子はみんなハトが好きなようです
アー
いつの間にか集まってる!!
8
帰りがけ渡り鳥の群れが上空に!!
ハトじゃないけどね
ハトー
とてもいいものを見たような気分になりました

『ホットちゃんのお見送り！』

ただいま1歳10ヶ月

友達が遊びにきました
コンニチワー
わあ!! 大きくなったねー
いらっしゃーい
急にモジモジするホットちゃん
しばらくモジモジした後…得意の車のおもちゃを見せはじめました
タック
トラックね
いっぱいもってるんだ
あっいたいた みーつけた
遊んでもらって大はしゃぎのホットちゃん
キャ
キャ
またあそぼうね
気をつけて帰ってね!!
エーン
エーン
せつない別れ際です

お客さんが来ると

このころ来客があると、慣れるまでに時間はかかるけれど、自分のお気にいりのおもちゃを見せたり、たっぷりあそんでもらったりして、帰る頃にはさみしくて泣いてしまう〜というパターンでした。大きくなるにしたがい、「またねー」と別れ際はあっさりとクールになってきたかもしれません（笑）。

親としては、いろいろなひとに慣れていってほしいなぁーと、お客さんを呼んだり、仕事先のひとにも積極的に会わせていました。

5
おばあちゃんと親戚のおじさんが遊びにきた時は…
こんばんは
元気だった？
いらっしゃいどうぞどうぞ
アーン
時々会うので慣れている
6
小さいながらもサービスをしているホットちゃん
どっぞー
アリガトーやさしいね
7
楽しい時間は束の間お別れの時間です
ん？何？
アアアーアーン
後ろを押せっていってるんじゃない
8
大通りまで三輪車で見送りました
アリガトネー
ハハハ又会いにくるねー
ゴーゴー
ガーッ！

『ホットちゃんの兄貴！』

ただいま1歳11ヶ月

友達のヒロちゃんとシモンくん親子と動物園へいきました
どうぶつえん
まった〜？
へいきへいき
子ども達でにぎわうコーナーへ
抱っこしてもいいよ
ゾロ ゾロ
テンジクネズミがたくさん!!
60歳のゾウのハナコさんにも会えました!!
ゾウさ〜ん
4歳になると動きが素早い〜!!
シモンまって〜!!
タッタッタッー
元気だね〜

おにいちゃんは お手本

子どもが生まれて、親子一緒にあそべる友だちは貴重になりました。ちいさい頃は特に、子育ての先輩がいると困ったことを聞けたり、共感できる部分も多いのです。年齢が近いと行動範囲も似ていますが、ちょっと年上だと、同じ男の子でも、行動のスピードが違います。

４歳の男の子は親が目を離した隙に、あっという間にいなくなり、追いかける友だちを見て、ホットちゃんもいつかこんな日が来るのかなーと想像していました。

毎日泣いたり、笑ったり、ときに怒ったりしながら、親も子どもも、成長していくのですね。

5
大人気の乗りものコーナーへゴー!!
ヤーダ ヤダ ヤダ〜
これにのりたーい
ウウッ
さっきのったでしょダメ!!
自分がいわれたと、かん違いして泣いている
6
いろいろな事が起こります
小さい子はびっくりするよー
あっ!!コケタ
エーン
おうちにかえる〜
ドテッ!
7
みんなでリスの宙返りをみて元気をとり戻しました
クルッ
じょーず じょーず
ウキ ウキ
8
つぎの日
歯みがきしよっか
ヤーダ ヤーダ ヤーダ
すっかりお兄ちゃんの真似をするホットちゃん笑えます!!

「絵を描くぞー！」

ただいま 満2歳

私が仕事をするのはホットちゃんが寝た後
やっと寝た仕事しよ〜
ZZZ
仕事が忙しい時は日中に打ち合わせしたり
来月までに仕上げます
できたら又みせて下さい
どっぞー
ラフ
起きていても絵を描いたりします
あ!! 絵の具さわっちゃダメダメ
はかどるようなはかどらないようなような
自分も絵を描きたくなるみたい!!
アアーンアーン
クレヨンと画用紙の催促です

絵で発散

仕事柄、絵の具を出しいれする機会が多いのですが、ホットちゃんもそんな画材に興味を持ち、やりたがるようになりました。仕事中はさすがに相手ができないので、合間を見て、クレヨンや絵の具あそびをしています。

ちいさいうちは上手に描くというより、線や色をたのしみながら、めちゃくちゃでも発散するのがよいと思います。子どもアトリエでアルバイトしていたときのことを思い出しながら、たのしい体験を増やしていけたらと思っています。

お!! 上手だね〜
ブーブー
力強く描くホットちゃん
色にも興味が出てきました
あお!!
それはきいろだよ
クレヨンで手の輪郭をなぞってあげると大《おお》喜び
ハハハハハハ
じっとしてて!!
絵を描くのは楽しいね!!
父ちゃん
母ちゃん
ホットちゃん

「少しずつお話！」

ただいま2歳1ヶ月

ことばを話しはじめたホットちゃん、ある日父ちゃんを相手に〜!!
おいしーよ
おいしー？
まあまあ？
そういえばごはんの時…
おいしい？
シーン
まあまあ
まあまあ？
いつも私がいってるセリフだ!!
好きなものはどんどん覚えるみたい
せんべい
ジュース
パン

ことばは好きなものから

　ホットちゃんは周りの子に比べると、おしゃべりは遅かったように思います。それでも単語を少しずつ発するようになり、周りの大人は、自然と物の名称を教えていた気がします。好きなものから覚えるので、機関車トーマスや数字を覚えたり、ごはんのことから生活に役立つ単語が増えていった時期でした。

　話をするのが遅かったホットちゃんですが、いまではかなりのおしゃべりです（笑）。その子によって、しゃべり出す時期やタイミングがあるのですね。

5
機関車トーマスを片っ端から覚えていくホットちゃん
トード
ゴードン
6
熱心に車体についてる番号も覚えています
ヘンリーは？
サン 3
7
うまくいって嬉しいとなぜかピーカンといいます
ピーカン
8
しかしいえないキャラクターは顔まね!!
トビーだね
おもしろい顔
ハハハハ

『はじめてのお引っ越し！』

ただいま2歳2ヶ月

ホットちゃんが生まれてから過ごしたアパートが手ぜまになりひっこしをすることに!!
お元気でいらしてね
はい!!
優しい大家さんともお別れです
荷物の大移動になりました
しばらくはソファの上が安全地帯!!
おっと
ん〜!!

期待と不安の中で

2DKのアパート、さすがに狭くなりました。ホットちゃんも歩き回るし、もう少し広いところへ……マンションの下見をしたり、ローンを組んだり、慣れない不動産探しをして、いま住んでいる家を見つけました。

アパートの大家さんは、ホットちゃんがちいさい頃からやさしく接してくれていたので、お別れはちょっとさみしかったけれど、これから新しい土地で暮らす期待もふくらみました。

引っ越しはホコリも立つし、ハウスダストはつらいのですが、ソファの上が安全地帯になり、夫婦でせっせと作業を進めたのでした。

5
とりあえず食器を出したよ
これはナベの箱みたいだよ
6
片づいてくると走りまわるホットちゃん
キャキャキャ
タッタッタッー
7
新しいお風呂は浅くてびっくりのようす
座って入るんだよ
前のお風呂は深かった!!
?
8
初めて寝る夜です
夢の中のホットちゃん
新しい生活~楽しみだね!!
ZZZ

『年下の友だち！』

ただいま2歳3ヶ月

友達のまきちゃんと娘のかやちゃん(一歳)が遊びに来ました
こんにちはー
いらっしゃーい
年下の子と遊ぶのは新鮮!!
ごはんの用意をするから待ってて!!
かやはいっぱいたべるよ
めん類は全てうどんだと思っている
うどん!
スパゲティーすきだといいな
パズルで遊ぶ2人
うまくはめられるかな

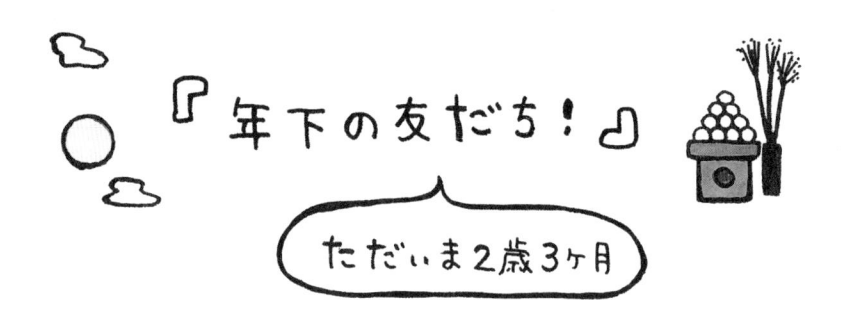

ちいさい子と一緒に

年上のおにいちゃんとあそんだことはありましたが、今度はちいさな女の子のいる親子とあそびました。はじめは距離がありましたが、一緒にごはんを食べたり同じ時間を過ごすうちに、だんだんと打ち解けてきました。

ホットちゃんがモジモジしているので、「こうしてあげたら」とアドバイスすると素直にやってみるあたりが、かわいくておもしろかったです。

子育ては子の成長に合わせ、一瞬一瞬が大切……こうしてまんがにしていると同じ時はないのだなーとしみじみ思います。

5
ジーッ!!
さっぱりしよーね
おむつ替えって面白い!!
6
おっぱい飲む所も見ちゃおう!!
ジーッ!!
7
ヒソヒソ
アレやってあげたら!!
いないいないなーい
アレ？なんだろ
8
いい雰囲気になってきました
バアー
バアー!!
フフフ
キャ
キャ
キャ

『キャンプの思い出！』

ただいま2歳4ヶ月

少し前になりますがホットちゃん初めてのキャンプにいきました
友達の大橋さん一家と合流です
山あいのステキな古民家です
あそこに泊まるよ
セミがいっぱいないてるねー
お兄ちゃんのシモンくん（4歳）と一緒で嬉しいホットちゃん
いっしょにあそぼ!!
モンくん
さっそく川へ～
はーいばんざーいして!!
暑い日だったので泳ぐことに!!

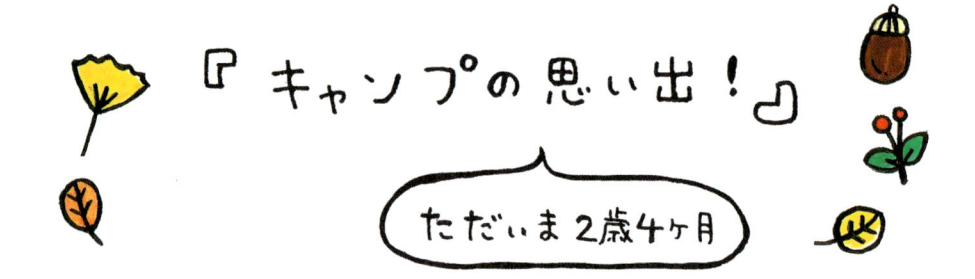

おとうさんの出番

とうちゃんの友だち一家と、奥多摩へキャンプに行きました。ホットちゃんもちいさいし、テントをはるのは早いかなー？と、自炊もできる古民家に泊まることに!!

暑い日だったのでさっそく川へおりてみると、たくさんの家族でにぎわっていました。川は流れも早くて、慣れないと泳ぐのは難しいけれど、それぞれとうちゃんに抱っこしてもらい、泳いでみました。こういう時は、やはりおとうさんの出番ですね。

夜は料理上手の友達のおかげで、お肉や野菜をマリネしたものをバーベキュー!! 炭をおこし、網で焼いて食べました。翌日のコーヒーもおいしかったです。友だち親子に感謝です。

5
こういう時はお父さんが活躍です
キャッキャッ
きもちよさそうだね
6
お腹もすき
バーベキュー
今夜は
お肉と野菜をマリネしてきたよ
おいしそー
火がおきたよー
7
トウモロコシが焼けました。ふだんは一粒ずつ食べるホットちゃん
コーン
コーン
バラバラにしてあげようか
8
ガブッ
ガブッ
ムシャ
ムシャ
ガブリ
あっ!! お兄ちゃんの食べ方おいしそーう!!
すぐに真似っこのホットちゃんです

『ほしがりホットちゃん!』

ただいま2歳5ヶ月

①
街には誘惑がいっぱい
ブーブー
お菓子やおもちゃがあふれています
②
ほしがるホットちゃん!!
ダメダメ家にいっぱいあるでしょ
イヤイヤイヤ~
ワーン
ワーン
③
しかし…何度もねだられるとついつい
しょーがないなー大切にするんだよ
はい!
甘い母ちゃんです
④
ある時~こんなことが…
ねだられたので…
今日はもうお金ないよ!!
ジー……

欲望の目覚め

街へ出かけると、いろいろなおもちゃやお菓子が目にとびこんできます。ふたりで出かけるときに、「ほしい」とねだられると、すり抜けるのはけっこう大変。ちいさいので説明してもわからない年齢です。結局、何かひとつ買ってあげて、ホットちゃんも満足、親は仕方ないと思いつつ、ちょっと悩みの種でもありました。

それでも、何か買うにはお金が必要で、お金を稼ぐためにはいっぱい仕事しないといけないんだよーと常に言ってきました。「かあちゃん、お仕事頑張って」と、自分のためにも、応援してくれるホットちゃんです（笑）。

5
勝手に私のサイフからお金をとりだしていた
あるある
ギョ!!
おそるべし!!
6
KIOSK
駅の売店では!!
又アメをほしがるホットちゃん
お茶くださ～い
ハイハイ
あっ
7
状況を察っしたおばさんが!!
そんなにほしがっちゃダメよ～バイバ～イ
スイマセン
イヤイヤ
8
しぶしぶその場を去るホットちゃんでした～
おうちにかえるっか

『あいづち上手なホットちゃん!』

ただいま2歳6ヶ月

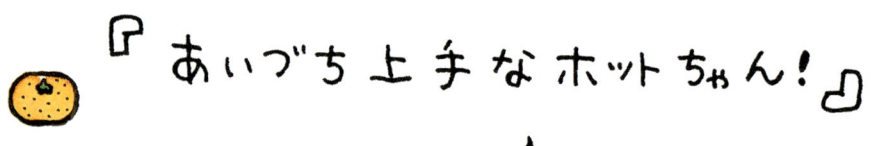

まだ上手に話せないホットちゃん、あいづちはなかなかのもの
今日はいいお天気だね
ねー
欲しいものは気持ちよくお返事
牛乳のむ人~?
ハイ!!
きらいなことは…
お風呂に入ろうよ~!!
イヤイヤー
そして公園にいった時のこと
そろそろ家に帰ろうか!!
ハイ!!
自転車のカギあけてみる?
渡したとたんに…

ねー、がお得意

相手の話を聞いて、「そうだよねー」とあいづちを打つのは、会話上手の基本かもしれませんね。うまくおしゃべりできないなりに、ホットちゃんが「ねー」とわたしの話に合わせてくれていることに気づきました。

２歳は、反抗期とも言われていますが、急にお風呂ギライになったこと以外は、「ねー」と毎日たのしく過ごせていたように思います。ちいさな子どもなりに、おかあさんに気をつかってくれたのかな。

格子のついた穴へカギを落とした〜!!
えーどうしよう
しまった!!
棒でたぐりよせてみたけれど
うーん届かない
近くのパン屋のお姉さんに助けてもらい、カギを救出できました
おさわがせしました
はいはい
調子のよいホットちゃんです
母ちゃんびっくりしたよ〜
ねー

『はじめての保育園！』

ただいま2歳7ヶ月

週に一度、近くの保育園へ通うことになりました
こどもの声がきこえてきたね
ねー
先生と小さな友達がたくさんです
おはようございます
ホットちゃんはりんご組!!
母ちゃんと離れるのは初めてのホットちゃん、大丈夫かなー？
よろしくね
こんにちはー
ピースピース
ママいってくるって!!
ポカーン
先生の合図でさりげなく退散しました
お昼にむかえにくるよー
バイバーイ

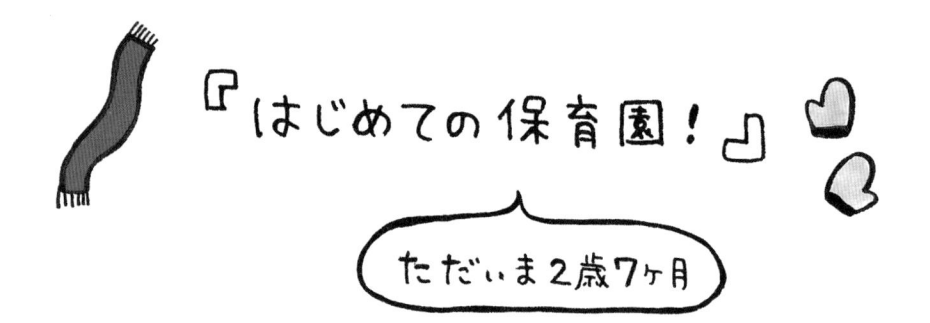

はじめの一歩

一時保育に申し込みをした頃のことです。それまでべったりと一緒にいたので、お互い離れるのはさみしいけれど、ホットちゃんにもそろそろ友だちや先生と過ごす時間を持って、親子ともに豊かな生活をしたいと思うようになったのです。

この保育園は、自然食の昼食をとらせてくれたりと、はじめて預けるわたしたちも安心でした。甘えん坊のホットちゃん、やっぱりはじめの1ヶ月は泣いてばかりでした。

5
親子が揃って離れるのは
ドキドキ
今ごろおやつの時間かなーどうしてるかな〜
6
夫婦一緒に迎えに行くと
……ベランダで先生に抱かれるホットちゃん
やっぱり泣いたんだ!
7
がんばったね!
キンチョーしたみたい。お昼ごはん食べなかったです
8
家に着くと嬉しそうなホットちゃん!!
えいえい
おなかすいたでしょ
気長に少しずつ慣れていってね!!

『いまがふんばりどき!』

ただいま2歳8ヶ月

保育園へ週に一度行くようになって一ヶ月
お昼にむかえにくるね
りんご
イヤイヤ〜
エーン
迎えに行くとホッとした様子〜
おやつたべなかった？
そう
少し表情が大人っぽくなった気がしました
家に帰るとジグソーパズルに熱中
今までは一緒にやっていたけど
急に一人で完成させました
すごい天才!! 4〜5才向けなのに!!
ねー
親バカです

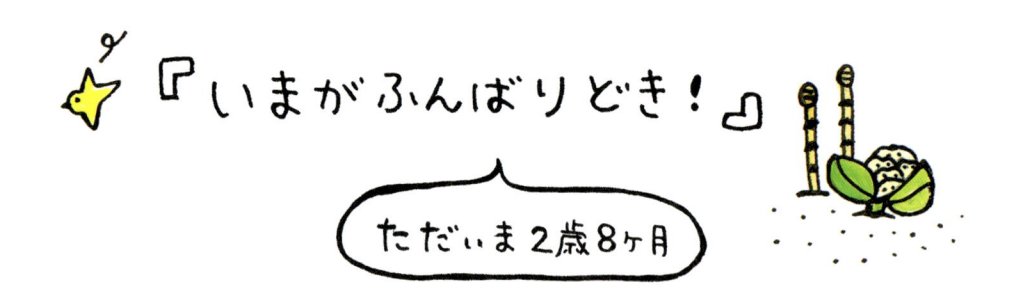

集団生活の試練

保育園に行くようになって、次々と風邪を引きました。それまでは家庭の中で過ごしていたので、集団生活では免疫力をつけるべく、熱を出したり、おなかにくる風邪だったり。

保育園に入って、ラクになる面と、すぐに生活が安定しない面とあり、まず仕事どころではありませんでした。でも、夫婦で協力して手当てをしたり、病院へ行ったりして、家族の絆は深まったように思います。

そして保育園でもらってくるのか2回も風邪をひきました
うーつらい3年振りにひいた～仕事もキャンセルだ～
やっと治ってよかったねー
普通のことが幸せにかんじる
ねー
しかし・・・それも束の間今度はお腹にくる風邪です
明日病院にいこう!!
39度の熱!!
うーん
うーん
診察してもらって安心したね
子育ては山あり谷ありです

『その調子！』

ただいま2歳9ヶ月

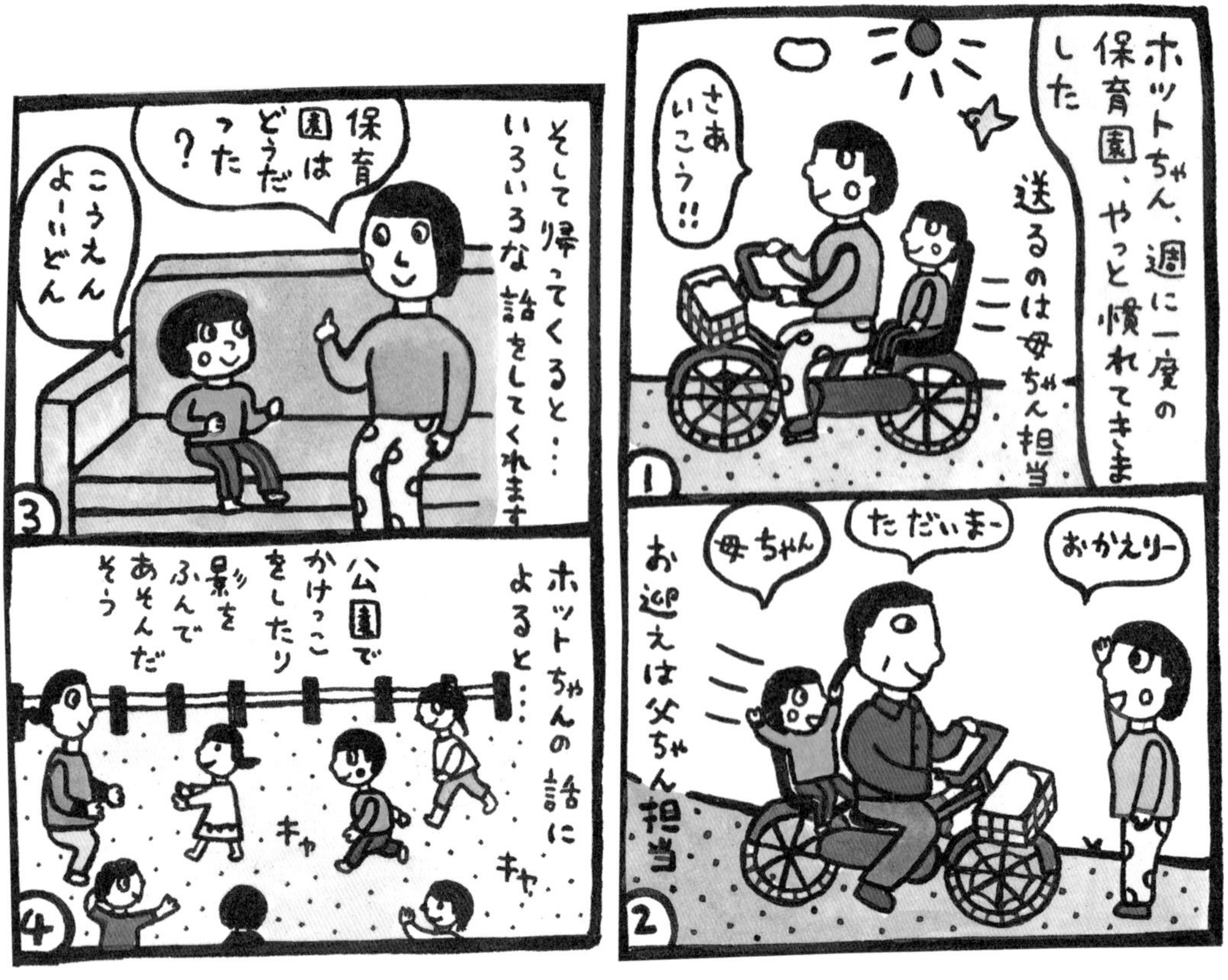

ホットちゃん、週に一度の保育園、やっと慣れてきました
さあいこう!!
送るのは母ちゃん担当
おかえりー
ただいまー
母ちゃん
お迎えは父ちゃん担当
そして帰ってくると…いろいろな話をしてくれます
保育園はどうだった？
こうえんよーいどん
ホットちゃんの話によると…
公園でかけっこをしたり影をふんであそんだそう
キャ
キャ

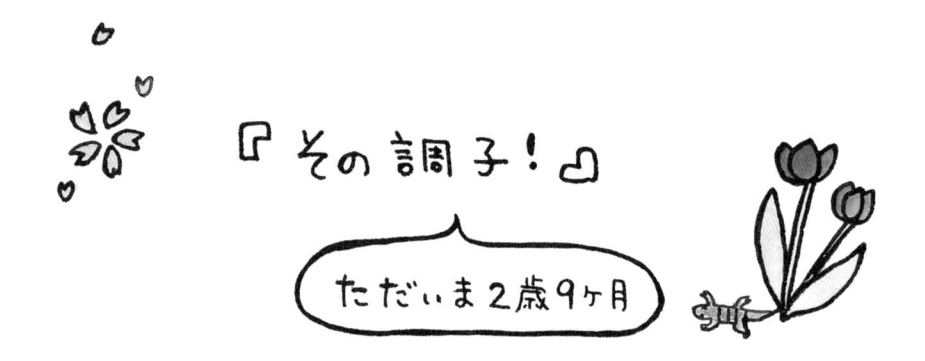

よい兆し

保育園に行くようになって2ヶ月くらい経ち、ようやく慣れたようで、お昼ごはんもしっかりと食べ、充実した園生活を送れるようになりました。待っていれば、子ども自身の力でみんなと打ち解けていくのだなーとうれしかったです。園でどんなことをしたか聞いてみると、ことば少ないながらも、はじめてやったことなど教えてくれて、たのしい様子がわかります。

　とうちゃんにもお迎えを頼んだり、夫婦同じように子育てに関わることで、かあちゃんも安心できます。とうちゃんやかあちゃん、それぞれと過ごす時間に、ホットちゃんもうれしそうでした。

園では・・・先生にパンツをかえてもらったり
とりかえるよ～
ハイ
ごはんの前にセッケンで手を洗ったり
よーくあらってね
初めは食べなかった給食も・・・・
もっと
わあー鮭を4皿も食べちゃった
保育園にいって自信のついたホットちゃんです
おさらピカピカ
ごはん全部食べたんだ

『同じ年頃、そろって成長中!』

ただいま2歳10ヶ月

久々に友達親子と駅のホームで待ち合わせです
おーい
まきこさん
こっちこっち
きょうちゃん 2歳10ヶ月
電車に乗るとハズカシイのか沈黙の2人
シーン
キンチョーしてるのかな
おもしろいね
テーマパークにつきましたしかし…着ぐるみを怖がるきょうちゃん
予想外の展開です
ママ〜抱っこ〜
エーン
ごはんたべて出ようかー
なーに
ごめんねー
お外にいきたいよー

予想外の展開

「たまには電車に乗って遠出もしたい!!」ちいさい子を抱える親にとって、独身時代の身軽さはなくなりました。それでもホットちゃんを連れて、時々は電車に乗ったものです。子どもの体調や動きによるので、あらかじめあれこれ予定を組むこともできなくなりました。大ざっぱに決めておいて、現地で判断です。

テーマパークへ行ったときのこと、着ぐるみの人形を見て、ホットちゃんは大丈夫でしたが、お友だちはこわくてこわくて、帰りたくなってしまったよう。予想外の展開でしたが、着ぐるみって、見ようによってはこわいかも!!　と妙に納得しました。

5
外に出ると嬉しそうなきょうちゃんです
さっきとは別人
つられて走るホットちゃん
6
マイペースな2人です
ドーナッツ屋に入ろうか!!
おなかすいたよー
ペコペコ
え？さっきたべたのに
7
次は雑貨屋さんにボールが山づみに売られていました。すると…
キャー
やめてー
アリャ
ポン
ゴロ
ゴロ
ゴロ
ゴロゴロ
8
結局、ボールを買うはめになりました
いいよー
キック!!
みてみて
うまいねー
やっぱり外は気持ちいいね!!

『ホットちゃんのおしゃれ！』

ただいま2歳11ヶ月

男の子の服って何故かボーダー柄が多い
新しいシャツだよ
またチマチマ
おかげでしましま模様に敏感なホットちゃん
父ちゃんもチマチマだね
お!! そーうだな
トーマスの青いくつがお気に入りで、毎日毎日はき続けました
よくはいたねー
ヨロヨロ
ボロボロねー
ヘビーローテーション
最近は3足のくつを玄関においていて…
今日はどのくつ？
きいろ
きいろとはオレンジのくつのことです

洋服選び

ホットちゃんはおしゃれに対するこだわりはまだあまりないようですが（同じクラスの女の子たちはすでにバリバリのおしゃれさん）、親としてはどうせ買うなら素敵な服を!!　と探して歩きます。基本は動きやすく、触り心地のよい素材、シンプルなデザインです。

なぜかこの年の冬は、コートを着てくれなくて困りました。帽子をいやがる時期もありました。そんなときは中にシャツを重ね着してちょっとでも防寒!!

着ぶくれしながらも、外を駆け回ったものです。

5
冬のことです
厚手のコートを着てくれません
そのパーカーだけじゃ寒いよー!!
モコモコイヤ〜
6
そこで…
ワーイワーイ
マフラーをぐるぐる巻き、中にセーターなどを着て、パーカーで過ごしました
これもヘビーローテーション
7
春になったので新しい上着を買いました
バンビすきー
無地でさみしいのでバンビのワッペンをつけました
8
街へ出ると……
まあ〜かわいいおじょうちゃん
男の子なんです
バンビのせいでしょうか……?

『畑に行ったよ!』

ただいま 満3歳

春のこと実家でじゃがいも植えをしました
ついたよー
みんみ!
おばあちゃんの愛称は「みんみ」です
ふあちゃんもついてきたね
ニャー
ふあちゃんきたね
実家の飼い猫ふありです
うちの畑は自然農なので耕やさず野菜の間に雑草も
くさいっぱいよー
当然虫もたくさんいます
てんとう虫みっけたよ
ちょーだい

土に親しむ

わたし自身は両親の影響でちいさいときから畑の土に親しんできました。周りも草花が咲く道だったので、クローバーで花飾りをつくったり、たんぽぽの綿毛を吹いたりして、近所のおじさんに「こらー、畑に綿毛吹くなー」と怒られたりしたものです。

ホットちゃんは都会育ちなので、意識して土のあるところへ行くようにしています。都会にも大きな公園があるので時々は行ってあそびますが、畑となるとなかなか……それでも土に親しむ祖父母がいることで、よい影響を受けているかもしれませんね。

5
絵本でしかみたことなかったてんとう虫です
はねブーンとんだね
6
さて、じゃがいも植えをしよう!!
あなをほろうか
いっしょにほろう
つちほるよー
7
じゃがいもを半分に切って掘った穴に植えてゆきます
次は土をかぶせるよー
8
ほらほら
てつだってー!!
せんべいたべるよ
バリバリ
おやつを先にたべるホットちゃんでした

『ばあば、早く元気になーれ！』

ただいま3歳1ヶ月

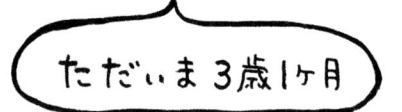

一時保育が週2回に増えました
仲よくしようね!!
おねがいします
先生も替わり、朝は泣いてるホットちゃん
エーン
その頃、ばあば（父ちゃんの母）が手術をすることに!!
入院の日つきそうよう
父ちゃんも体に気をつけて
私も仕事休むから
ホットちゃんは元気でも我々夫婦はドタバタです
こうえんいこう
ばあばのパジャマを買いにいこうか
そして手術の日
お熱でたね!!
ホットちゃんもきっと何かを感じたのですね

身内の入院

家族はふだん離れて暮らしていても、いざというときは一心同体、みんなで協力する必要があります。

3歳となった4月……ホットちゃんの保育園は新しい先生にかわり、ばあばも入院し手術を受け……いろいろと、目まぐるしかったように思います。

こういうときこそ健康に暮らせる日常を大切に感じて、家族みんなが参らないように、助け合っていくのですね。

5
私も日頃の疲れがたまりダウン
実家の両親にホットちゃんの相手をしてもらいました
6
ホットちゃんは元気になったので保育園へ
今日は誕生日です
わあ!! おたんじょうびなんだ
さんさいよー
7
保育園の先生や友達に砂場でお祝いをしてもらったそう
おたんじょうびおめでとう
ケーキ
オメデトー
8
ばあばのお見舞いに行きました
3歳になったね ばあば手術したよ
ばあば
思ったより元気そうでひと安心です

『役者のホットちゃん！』

ただいま3歳2ヶ月

ものまねをするホットちゃん（本名は「たしん」です）
まずは機関車
トーマスですよ〜
シュシュ
シュシュ
シュシュ
そして母ちゃんのまね
たしんが母ちゃん 母ちゃんがたしんね
私もやるんだ!!
母ちゃんのつもり
かいものいきますよー
母ちゃんパンかってきて!!
ホットちゃんのつもり
カゴを持っていそいそと別の部屋へ
いってらっしゃーい
はーい

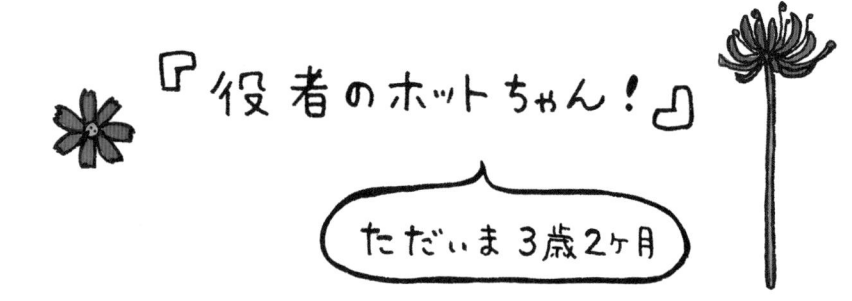

ものまね

ホットちゃん、たぶんよその子より、「ものまね」が得意です。これはとうちゃんに似ました。かあちゃんはお芝居やものまねがへたなタイプ、とうちゃんはわりと口が達者で、ドラマのいいまわしもスラスラ～、音楽もやっているので、人前に出るのが好きみたい。

ホットちゃんはちいさいときからTVでドラマやアニメを見ると、気になったシーンを再現して見せてくれます。そんな姿はおもしろく、誰かに見せたいけど、家族以外のひとに見せるのは、まだ恥ずかしいようです。

おかしもかってきましたよー
おもちゃの食材を入れている
わーいありがとう
保育園の先生のまねもします
たしんがみっちゃん母ちゃんがたしんね
はいはい
みっちゃんは先生の愛称です
おしっこ出た？パンツちょっとみせて!!
ハーイ
ママもうすぐくるよー
こどもたちは帰りが近ずくと、いつもこうやってママを待っているのですねー

『かあちゃん締め切りに追われる！』

ただいま3歳3ヶ月

1
いつもはゆっくりペースなのですが、3冊の絵本の、しめきりが重なりました
どうしよう!! ヤバイ
？
2
週2回の保育園は大助かり!!
夕方迎えにいくからね
うん
3
しかしそれだけでは時間が足りず……実家へいきました
じいじみんみとあそんでいてね
母ちゃん絵かくの？
4
畑へいったり庭の池ですごすホットちゃん
じいじ
カエルさんいたよー
どこー？

締め切りにドキッ

このときのことは思い出すだけでゾッとします（笑）。子どもが生まれて、やさしい気持ちになっていたわたしは、次々とできない仕事を引き受けてしまいました。いまではこれを教訓に断ることも覚えましたが、引き受けた以上は、やるしかありません。

絵本づくりは出産にも似ていて、自分の中から外へうんうんとできあがったものを出す作業です。何事もほどほどに～と思いつつ、熱中しないと仕上がらないのも事実です。でもやっぱり、一つひとつのことを丁寧にやっていくのが、性分に合ってるなぁ～と思います。

そして再び家に戻り…ある夜のこと!!
しごといーよ
まあ!! 珍しいこというね
どーぞ
ホットちゃんはひとりあそび
私は作品を出産中!!
ヒーフー
トーマスとソルティ
しかし…興奮してしまって
まだ寝ないよー
キャ
キャ
一緒に寝るからこっちにおいでー
やっと夢の中です
zzz
これが終わったらゆっくりしようね!! ホットちゃん

「おうちにかえろーよ!」

ただいま3歳4ヶ月

少し前になりますが夏休みをとって伊豆へ旅行しました
電車にのるよー
どこいくの?
車内では・・・2人分のシートに3人がけ
えー今からでかけるんだよ
おうちにかえろっか
伊豆下田駅に到着
おみやげ
お食事処
バスは1日2本しかないね
タクシーにしよっか
ここどこ?
そして宿につきました
ここにとまるんだよ
ここにすむのイヤだよ
ソーラーシステムのエコロジーなペンションです

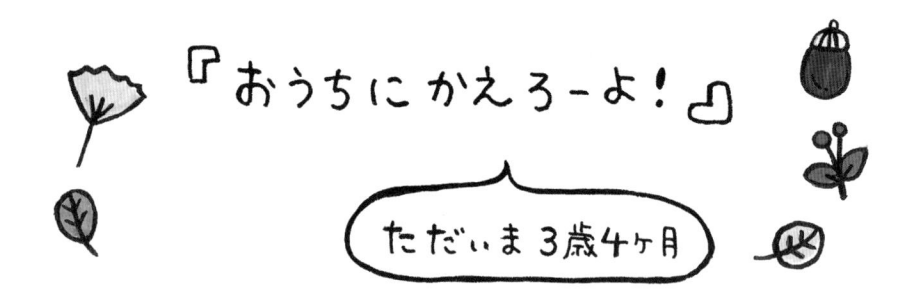

海へ家族旅行

わたし自身も、ちいさい頃から海が好きだったので、親としてはホットちゃんにも海が好きになってほしいなぁーと思っています。

そこで、夏に思い切って仕事を休み、2~3日で伊豆へ行くことにしました（この後、毎年海へ行っています）。とにかく自分の家が大好きなホットちゃん、どこかよそへ泊まるのが苦手です。旅行のあいだ、ずっと「帰りたいよー」と連呼しておりました。

しかし5歳のとき、急に海に目覚め、たのしくて今度は「おうちに帰りたくないよー」と言い出したのです。成長とともに変わっていくのですね。来年もまたお休みをとって旅行したいなぁと思っています。

5
旅行に興味のないホットちゃんでしたが……
ごはんまで一緒にあそぼう!!
うん
お友達いてよかったね
お兄ちゃんの登場でうれしそうです
6
夕食
キッズルームであそぶ子どもたち
もーいいかい
キャー
おかげでゆっくり食事できました
7
翌日は海へ!!
つかまってればへいきだよ
こわい
おうちに、かえろよ
8
浜辺で昼寝をするホットちゃんと父ちゃん
おうち…
そのすきに、海へとくりだす母ちゃんでした
よっしゃ!!

『3歳児、テンション高いです！』

ただいま 3歳5ヶ月

3歳も半ばになり、おしゃべりも上手になりました
いいてんきだね
きのうはあめふったのね！きょうははれね！
子どもは元気が一番ですが…
なんとかなるさー♪ しんぱいはないさー
朝からテンション高いです
公園で
いくよー
偶然会ったお姉ちゃんに遊んでもらうと
いいよー
ギッタン
バッコン
更にテンションもマックスに!!
まてーまてー
ウキャキャキャキャキャ
たのしそーう

エネルギーにあふれて

3歳になって急におしゃべりをしだしたホットちゃん、ことばが少ない頃とは違って、自分の頭の中の世界を外に表現しはじめました。それと同時にテンションもあがり、親もついていくのが大変です。

少し静かな時間が欲しいなぁと思うほど、よくしゃべるホットちゃん。そんなときは、わたしもアロマのお風呂に入って息抜きし、仕事にも没頭すると、自分のテンポを取り戻し、リフレッシュできるのでした。

5
親と子の交渉開始
お昼ごはんだし帰ろうか!!
まだ帰りたくないもーん
6
やっと自転車に乗せたものの……
ZZZ
あら…ごはんたべないでねちゃった
7
そして昼寝からさめると
レニアスとスカーロイはこうざんてつどうなんだよね
ふーん
トーマスの話でテンションもあがり…
8
電話がかかってくると大変
ハイわかりました
ヒエー
出る出る
ワーワー
かわってー
仕事先のみなさんいつもご迷惑おかけしてます

『まさかの入院!』

ただいま3歳6ヶ月

台風がくる前日
風邪をひいたかな?っと思ってたら・・・
明日お医者さんへいこうね!!
ヒューヒュー
ゼーゼー
段々と喘息っぽい咳になってきた
翌日
近くの大学病院
これは相当苦しいはず入院しますか!!
え!! 入院?
ヒュー
はじめての吸入器!!
ブー
スースー
そして点滴!!
ハイじっとしててね
ガンバレ

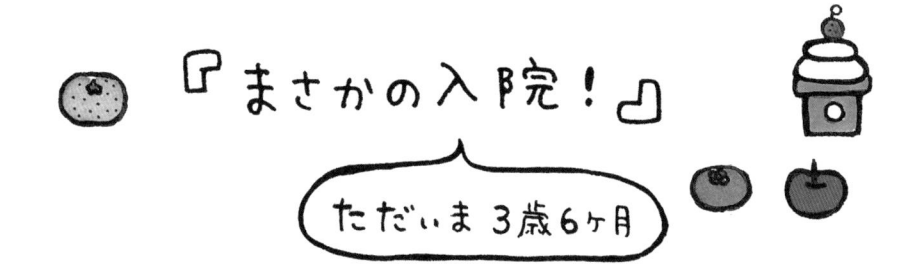

喘息……

アレルギー体質のため、もともと皮膚がカサカサしたり、鼻水が出たりしていましたが、このころから喘息がはじまりました。

　喘息の知識がまったくなかったので、はじめは風邪のように治っていくのかと思っていましたが、喘息は出てしまったら吸入をして気管を広げないといけないのですね。いまでは台風と秋口に気をつけて、家にも吸入器を用意し、近所のかかりつけのお医者さんで薬をもらっています。

　入院のときは本当に慌てました。親も泊まり込みなので、クタクタになってようやく家に帰り、ホッとした記憶があります。

5
そのまま入院することに
夜になったね
ヒュー
父ちゃんここにねるからね
母ちゃんは着替えをとりにいきました
6
2日目
元気になってきました
ワー
ワー
ビョン
ビョン
動くと点滴がエラーしちゃうよ
7
3日目
大部屋にうつりました
シー
キャ
キャ
みんながんばってるなあー
8
4日目
いろんな人に出会い
かんごふさんトーマスおぼえとくれ
うん
健康はありがたいと感じた3泊4日の入院でした

『トランプに目覚める！』

ただいま 3歳7ヶ月

みんみ(おばあちゃん)が遊びにきた時
しんけいすいじゃくしようか!!
うん
大好きなトーマスのトランプで機関車の顔合わせに夢中のホットちゃん
けっこう勘がいいねー
マードック!!
それ以来
毎日トランプ三昧の日々
母ちゃんトランプしよー
いいよー
親も大変なので交代交代です
父ちゃんトランプしよー
ハイハイ

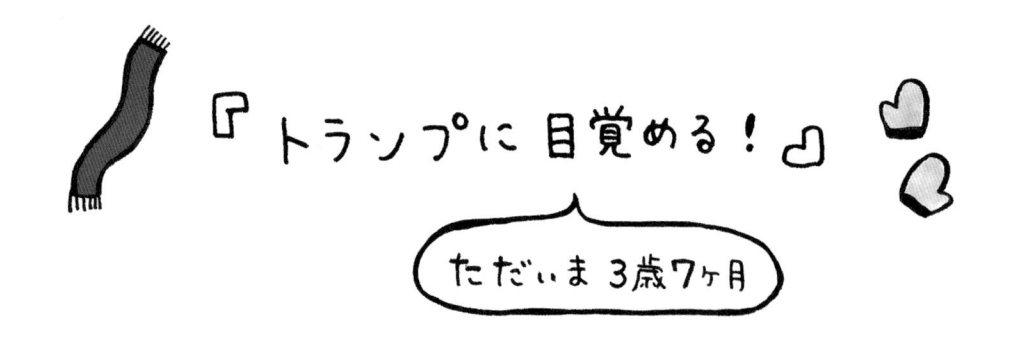

毎日トランプ

トランプあそびにはまった時期がありました。神経衰弱、7並べ、ババ抜きなどがお得意で、あきもせず、連日連夜トランプ三昧の日々。

ホットちゃんを勝利に導くため、かあちゃんはちょっと気を抜きつつ、ＴＶなどを見ながら相手をしました。万が一、大人が勝ってしまうと何度も勝負を挑まれるので、負けるが勝ちなのでした。

得意分野ではりきっています
たくさんとったからかちねー
つよいねー
5
しかし・・・時々こうなる・・・
あートビーをとりたかったのに!!
エーン
エーン
わかったよー母ちゃんのあげる
6
人の時はこの調子!!
あ!!とられちゃった
また次にとればいいじゃーん
7
父子でおでかけするとトランプの日々はしばらく続きそう
アンパンマンのトランプかってもらった
うーんよかったねー
♪ウキ
♪ウキ
8

『ソファに住む!? ホットちゃん』

ただいま 3歳8ヶ月

家のソファはホットちゃんの巣になってます
おもちゃであそぼう
0歳の頃から…
お昼寝したり
寝返りをしたりしてたっけ!!
ダー
バー
アー
アー
最近では
もぐらになるからね
ソファは、、バラバラになるので…すごいことになってる
あらま

秘密基地

思い起こせば、生まれたときからソファでお昼寝してきました。そのせいか、ソファが大好きです。気づくとバラバラにして、おもちゃをわんさか持ち込んで、秘密基地のようになっています。

　昨年、古くなってきたので、そろそろ買い替えようかと提案すると、猛反対を受けました。

　そこでほぼ同じ種類のソファにすることに。運ばれてきた当日、古いソファの行方を気にするホットちゃん。それでも新しいソファもちょっとだけ広くなり、気にいったようで、すぐに秘密基地になりました（笑）。
ハーイ
元に戻しておいてよ
ほらピョンピョンしないで

返事はいいけど元通りになったためしはない
ゆっくり座って一緒に絵本を読むのも楽しいひとときです
ホネホネさんはゆうびんやさんです
ある晩
どうしたの？
祖母が亡くなり悲しむ母ちゃんをみて
母ちゃん!! 守ってあげるからへいきだよ
アリガトー
ソファと共に成長した息子です

「ホットちゃん、打ち合わせに参加する！」

ただいま3歳9ヶ月

今日は家でクーヨンの担当さんと打ち合わせです
こんにちは
いらっしゃーい
どうぞー
モジモジ
楽しみにしていたんですよー
母ちゃんはいわないで!!
久しぶりの対面ではずかしいようです
大きくなったねー
お茶をのみながら…近況や連載の話をします
4月号ではどんな内容がいいですかねー
そうですねー
自分に関心をひきたいホットちゃん!!
トランプやろう!!
うん いいよー
出た出た

自分をアピール

クーヨン連載時の打ち合わせは、ホットちゃんの成長を見てもらうためにも、一緒にいるときにすることもありました。

少し大きくなってくると、自分に注目が集まらないと不服のホットちゃん。何かとアピールして、あそんでもらいたいようです。なので、簡単な打ち合わせのときはよいのですが、たくさん絵を見せたり、文章などを練らなくてはならないときに、ホットちゃんを待たせておくのは無理になってきました。そのため、近頃は保育園に行っているあいだに打ち合わせをするようにしています。

5
かまってもらってごきげんです
トランプはおしまい？
くすぐっちゃうぞー!!
キャキャ
6
だんだんとエスカレートし
うたうよー
お気に入りのアイドルのDVDで歌まね
みたい!!
いつもやっているんです
7
サービス満点!! ノリノリで歌とダンスを披露
大きなくもがふわりふわりうかんで
ハハハ
ハハハ
8
打ち合わせも終了
バイバーイ
今日はありがとうございました
バイバーイ
気をつけて又れんらくしまーす

『保育園に行くよ!』

ただいま3歳10ヶ月

おはよう
きょうはなんのひ?
保育園だよ!!
ホットちゃん月・火・金だけ保育園へ通っています
お昼のメニューを献立表で確認!!
ごはんなに?
マカロニグラタンだって!! ヤッタネ
その後、朝食をたべて、急いで自転車にまたがります
!!
あっ!! カバン忘れたー
母ちゃんしっかり!!
保育園に到着
まにあったー
おはようございます
おはようございます

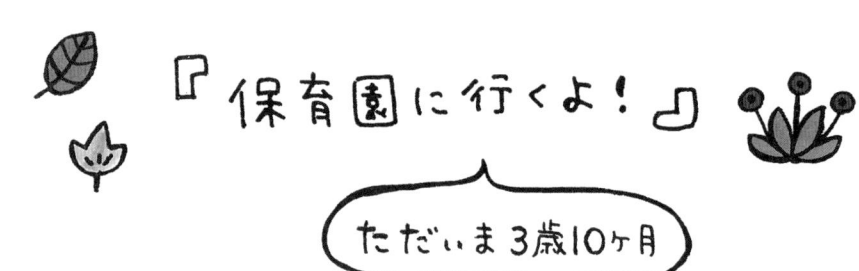

お迎え早いよ!!

一時保育に慣れてくると、お迎えの時間にまだあそびに夢中で、「お迎え早いよー」と言われるくらいになりました。

かあちゃんはモジモジして戸惑っていた姿を知っているので、そんな変化はうれしいです。

親も園へ行くと、少しずつ会話をする親子が増えました。ママ友とまではいかなくても、子どもを通しての知り合いが増えていきます。

保育園は、みんな仕事を持ったおかあさんなので、忙しく、さっぱりとしたつきあいなので、わたしにはむいてるなぁー、と思っています。

5
入園したての頃は・・・
帰らないで
こまった・・
よく泣いていたっけ
6
近頃では・・・お迎えにいくと!!
これがドジョウね
こっちがメダカ
ワイワイ
ガヤガヤ
7
そろそろかえろー!!
ちょーっとまってて!!
キャ、
キャー
8
保育園にもすっかり慣れて楽しい様子です
そーお?もっとおそくしよっか!!
母ちゃんおむかえ早いんじゃない
よかったね!!ホットちゃん

『旅立ちのとき！』

ただいま3歳11ヶ月

3月のこと
ずっと待っていた保育園の
入園発表の日です
ハイ ありがとうございます
なーに？
内定の連絡がきました
しかし慣れ親しんだ
一時保育のみんなとは
おはよう
マヤちゃんにかのんちゃんだ!!
3月いっぱいでお別れです
時には先生に甘えたり
いいよ
手をつなごう!!
給食を食べないとおこったり
たべないもーん
野菜きらいなの？
プンプン

みんな元気でね!!

一時保育もあとわずか……。はじめての園生活だったので、いろいろと教えてもらい、自信をつけた場所でもありました。

ほかへ行ってもみんなも元気でいてね!!　と思いながら、親子でクッキーをつくってプレゼント。いまでもここで出会ったひとたちにたまーに連絡をとったりしています。

道でばったり会って、公園であそんだり、近況を話したりするのは、たのしいひとときです。

5
友達と笑いあったり
キャー
キャー
ハハハ
ハハハ
6
いつも保育園での話をきくのを楽しみにしてました
今日はかえるの体操をしたよね
7
ここで成長してきたことに感謝して!!
最後に先生達にクッキーをつくってプレゼントしよう
うん!!
8
期待と不安の中入園の準備をする我家です
母ちゃん何つくってるの?
お布団カバーだよ

『パンツとキュウリ！』

ただいま 満4歳

新しい保育園がはじまりました
毎日通うのは親子共に新鮮です
今日はどこいくの？
保育園にいくよー
4歳の誕生日を迎えぐんとお兄ちゃんに!!
じぶんでズボンはく!!
よいしょ
だけど、朝はやっぱりモジモジのホットちゃん
お迎えにくるからね
先生
お散歩にいこうか!!
母ちゃんは帰宅ラジオをききながら仕事をします

新生活スタート

家から少し遠いけど、自転車で15分の区立保育園へ行きはじめました。朝はモジモジしているものの、クラスの人数も増え、刺激的なようです。しかし、トイレだけはこわがってしばらく行けませんでした。

4月の入園とともに布パンツに切り替えましたが……何と12月まで保育園のトイレに近寄らないホットちゃんでした。ようやく行けるようになって、先生とよろこび合ったのもなつかしいです。

いろいろなひとたちに見守られ、一歩進んでは二歩下がりながら焦らず!!　ですね。

実はホットちゃん トイレには消極的でした
トイレ こわいよー
紙のパンツにして!!
しかし…保育園でお友達の様子を見て刺激を受けたよう
おしっこいく!! これ布パンツ?
すごい すごい
給食でも!!
母ちゃんに キュウリ たべたこと おしえてね
ノートに かいて おくね!!
お迎えの時間
お昼寝の時 お兄ちゃんが トントン してくれたよ
へえーよかったねー
いろんな刺激をうけて成長していってね

『お話してます！』

ただいま4歳1ケ月

4歳になって日常会話も、かなりスムーズになりました
ねぇねぇ今日はお休みなんだよねー
頭の中はトーマスとおでんくんのことでいっぱい
おでんくんの中でたまごちゃんが、スキなんだ
ふーん
トーマスとパーシーは仲がいいよね
ある時、夫婦ゲンカが勃発!!
えーあの服洗濯しちゃったの？
プンプン
脱ぎっぱなしになってたからでしょー
それを見ていたホットちゃん
ごめんって、母ちゃんにいった方がいいんじゃないー
ハハハ!! そうだね

会話も スムーズに

子はかすがいと言いますが、夫婦ゲンカの仲裁はホットちゃんです。「すぐに怒らないほうがいいよー」「泣くと蜂にさされちゃうよー」と忠告してくれます。

3歳の頃はおしゃべりになったものの、伝えたいことが、うまく伝わらず……会話になっているような、なっていないような～一方的な感じが強かったように思います。4歳になって、親子の会話もスムーズになりました。

父ちゃんにごめんっていった方がいいよー
うんそうするよ
子どもなりに気をつかってます!!
ブツブツ あれとあれが ああしてこーして
何いってるの?
ブツブツ
ひとごとだよ
え?
ドキっとしました
それってひとりごとのこと?
そう!! ひとりごと
ひとりごとを覚えたホットちゃんです

『都会も生きものの宝庫!?』

ただいま4歳2ヶ月

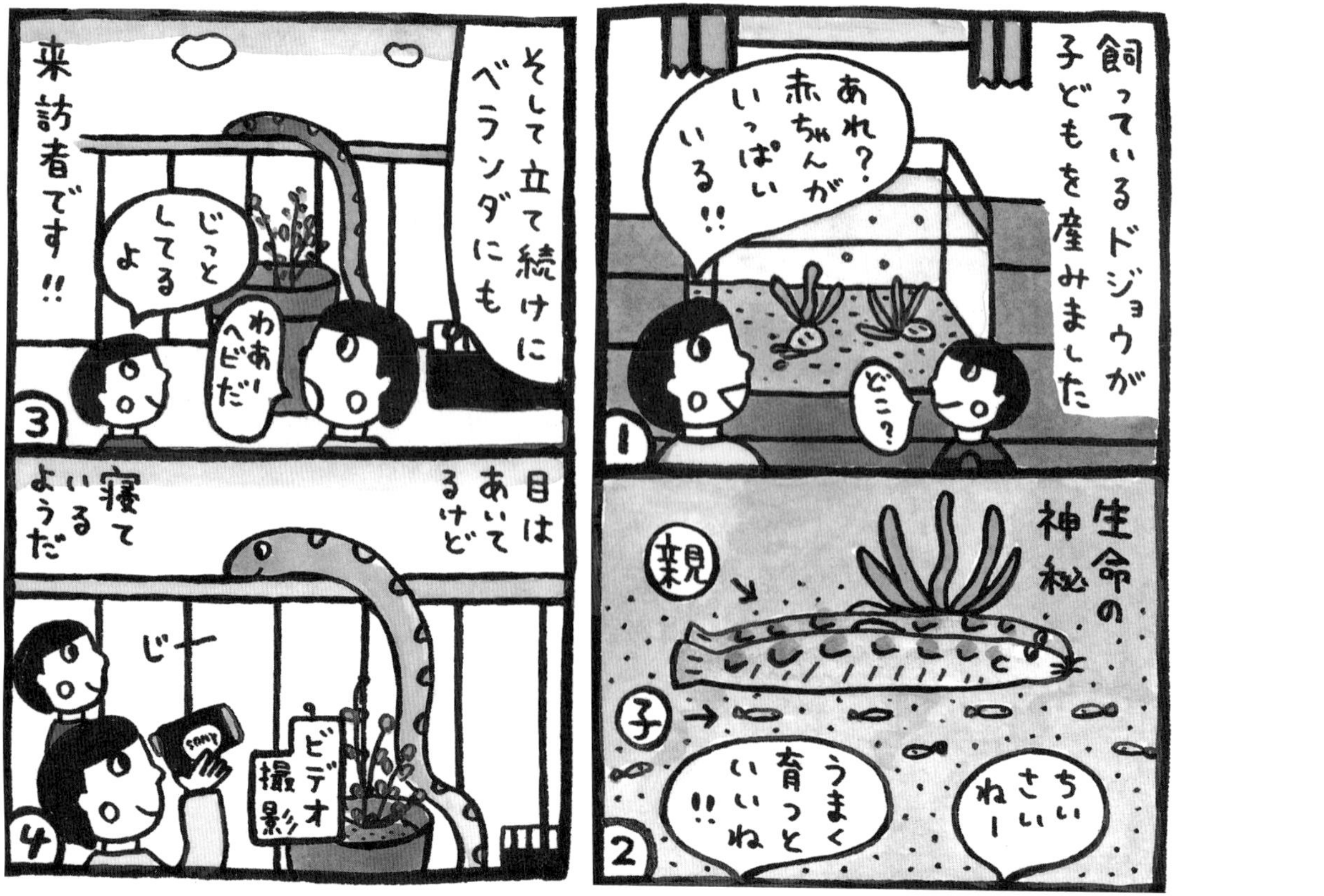
飼っているドジョウが子どもを産みました
あれ？赤ちゃんがいっぱいいる!!
どこ？
生命の神秘
親
子
ちいさいねー
うまく育つといいね!!
そして立て続けにベランダにも
来訪者です!!
じっとしてるよ
わあ！ヘビだ
目はあいてるけど
寝ているようだ
ジー
ビデオ撮影

ちいさい生きものに出会って

ペットの飼えないマンション暮らしなので、水槽で金魚とドジョウを飼っています。

ある春のこと、卵をたくさん産んで、水槽がちいさなドジョウでいっぱいになりました。春の訪れも感じていると、ベランダにヘビ……、塀にはハクビシン……野生の生きものたちに、ドッキリしました。

あれ以来こんな出来事はないのですが、ホットちゃんにも、ちいさな生きものをかわいがるやさしいひとに育ってほしいなぁ、と思っています。

5
ある晩のこと
窓から外の塀をみると…
母ちゃんねこがいるよ
しっぽがフサフサ
6
ワクワクのホットちゃん
懐中電灯で照らしてみようか!!
フフフ
ドキドキ
7
ピカッ
ギョロ
なんと!! イタチ? ハクビシン? です
また寝てるのかな
8
ここは都会だけどいろんな生き物がいるんだなぁー!!
さっきのコアラ?
う…ん コアラじゃないね

『パワフルなクラスメイト！』

ただいま4歳3ヶ月

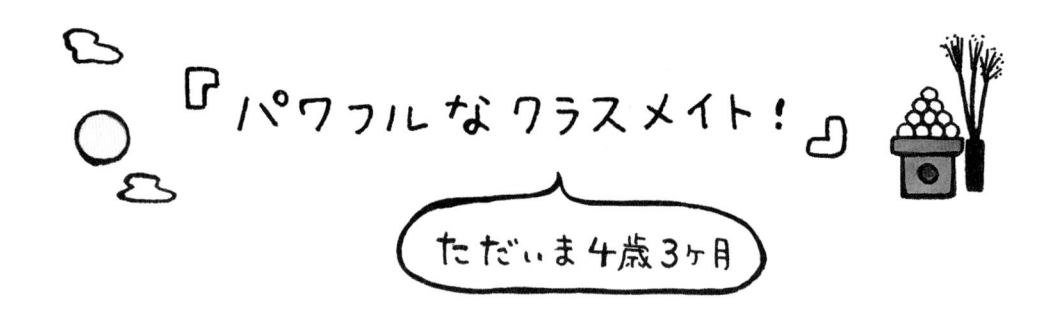

ちゅうりっぷ組のホットちゃん
22人のクラスメイトがいます
おはよう
何故か男の子が多いクラスで!!
朝からにぎやか
虫いる？
ここここ
三輪車で爆走する子がいたり…
アハハハハ
次かしてよ!!
遊びのパワフルさに圧倒されながらの登園
みんな元気だね
キャー
キャー

にぎやかな男の子たち

ホットちゃん、朝の登園時間は、やや遅めなので、早くから来てる子どもたちで、園庭は大にぎわいなこともあります。

男の子の多いクラスでしたので、あそび方もパワフルでした。ホットちゃんは、どちらかというとおっとり系なので、そんなクラスメイトに鍛えられた時期だったと思います。

一時保育では女の子とおままごとやお店ごっこをしていたので、男の子とあそぶたのしさに目覚め、ホットちゃんも「オレさ〜」とずいぶんワイルド（笑）になりました。

5
そんなお友達に囲まれて
母ちゃんいっちゃうの？
朝はかなりモジモジのホットちゃんも……
6
帰るころにははじけています
おむかえ早いんじゃなーい
ピョン
ピョン
7
そしてまだ力を持て余し……
公園にいきたいな!!
もう夕方なんですけど
8
三輪車で全力疾走!!
キコキコ
パワー全開です

『夜の過ごし方！』

ただいま4歳4ヶ月

わがやでは、父ちゃんが夕方から出勤です
いってきまーす
気をつけてー!!
保育園から帰ると
タオルおいておくね
つめもちゅんとあらうんだよ
母ちゃんはごはんの支度
ホットちゅんはおもちゃであそびます
ちょっと!! 次々出しっぱなしにしないでよ
ごはんとお風呂がおわり、ようやく休憩と思いきや
母ちゃんあーそんで!!
うん…これよんだらあそぶよ

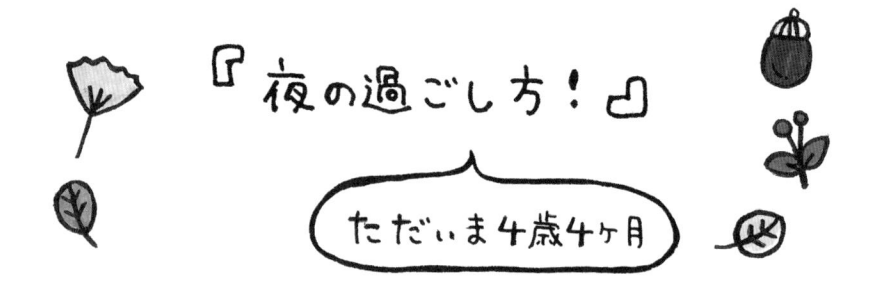

とうちゃんとの時間

わが家ではとうちゃんが夕方から深夜の飲食業勤務なので、ホットちゃんは保育園から帰ってくると、かあちゃんと過ごすことが多いです。

　とうちゃんと会えない日が続くとホットちゃんもさみしいようで、「今日とうちゃん帰ってくる？　保育園お休みしようかな」と言い出します。そこで朝の保育園の送り迎えをたまにはとうちゃんにお願いして、コミュニケーションの時間にしてもらうことも。

　あかちゃんのときはおっぱい担当のかあちゃんにべったりでしたが、大きくなるにつれ、父子の交流が盛り上がってきました。くすぐり合って大笑いしていたり、ときにはふたりで、お茶を飲みに出かけたりしています。

5
まずは木製レールで機関車を走らせます
母ちゃんゴードンつかってよ!!
はいよ
6
お次はトランプ大会です
しんけいすいじゃくやったから
次は7並べしよう
ふわあーねむくなった
7
ようやく就寝
ねむ‥
おお
うちゅうだ
ずかんでみるよりずっとおおいど
毎晩よむ本は暗唱できます
8
フーおやすみなさーい
ムニャニャ
ZZZ
こうして長い夜が終わります

『お休みしたい日!』

ただいま4歳5ヶ月

晩ごはんの時
ごはんもう食べない
熱っぽいかも
あれ?
いつもと様子のちがうホットちゃん
久し振りの発熱!!
38℃かあ
うーん
翌日
熱は下がったけど、保育園はお休みです
お休みって、でんわしておいてね
ハイハイ
元気になってきたのでひと安心!!
公園にいきたい
お休みしたんだから、少しだけだよ

たまにはね

子どもも体調の悪いときや保育園の行事が忙しいときなどは、お休みしたくなるようです。わが家はわたしが自宅で仕事をしているので、急のお休みにも、よその家より対応できますが、お勤めしているとその辺は大変ですよね。

ホットちゃんの要求がずる休みっぽいときや、仕事の締め切りなどがあるときは、「かあちゃん、お仕事忙しいから、家で頑張るね。ホットちゃんもみんなとあそんでおいで!!」と話をして、うまく行かせています。

5
翌朝になって・・・
今日もお休みして家であそぶよ
え？ 今日はいけそうだよ
6
じゃ母ちゃんがむかえにきて!!
うんわかった!!
話をして気をとり直し出発です!!
7
ようやく母ちゃんも仕事再開
元気にやってるかな
8
おむかえにいくと!!
キャハハハ
お友達と楽しく遊ぶホットちゃんに元気をもらいました!!

『お友だち、見つけた！』

ただいま4歳6ヶ月

実家へ行きました
山と湖に囲まれた街です
今日はじいじとみんみの友達と一日だけの手打ちうどん屋を開店!!
母ちゃんお手伝いがあるんだよ
母ちゃんあーそんで
ホットちゃん4歳
大人が忙しいので自らお友達をみつけるホットちゃん
つむちゃん3歳
仲良くしたいホットちゃん!!
まってー

実家へ行くと

ちいさいときは、本当に手がかかるので、わたしが休憩をとりに実家へよく行っていました。初日はホットちゃんをじいじとみんみに預け、わたしは日頃の疲れからか、グーグー寝てしまうこともしばしば。

最近は保育園のリズムに合わせ、なかなか実家へも帰れなくなりました。じいじとみんみはホットちゃんが大好きなので、ホットちゃんも自分から電話をよくかけていた時期もあります。祖父母と孫のあいだで勝手に会う約束をしてしまうときは、親（わたしたち）の都合もあるので「やめて～」と訴えていますがね（笑）。

5
段々と息も合って
じこりました
レスキューよんでください
三輪車をのりまわし楽しそうな2人!!
6
お昼ごはんも一緒に
ぼくトマトキライなの!!
ぼくだいすきだよ
お弁当半分にして食べてね!!
7
ずいぶんと気が合うみたいだね
ハハハ
キャハハハ
マジですか
そういえば2人は一つちがいの同じ誕生日なのよね
つむちゃんのお母さん
マジですか
キャハハハハハ
8
暗くなるまで遊びました
バイバーイ
またね
子ども達だけで遊んでくれると親も助かりますね

『男の子の通る道!?』

ただいま4歳7ヶ月

世の中の小さな男子に流行中のレンジャーやライダーにホットちゃんも夢中です
変身!!
ついにこの日がきてしまった
どうやら保育園でも・・・・
ウシオリガミみたよ
モウギュウダイオウ
だんだんと詳しくなって
フム合体するとすごいことになっている
うっとり
かっこいい!!
大辞典
侍
小さなプラモデルを組み立てる親子
あーむずかしいよー
母ちゃんガンバレ
応援にも熱が入ります!!

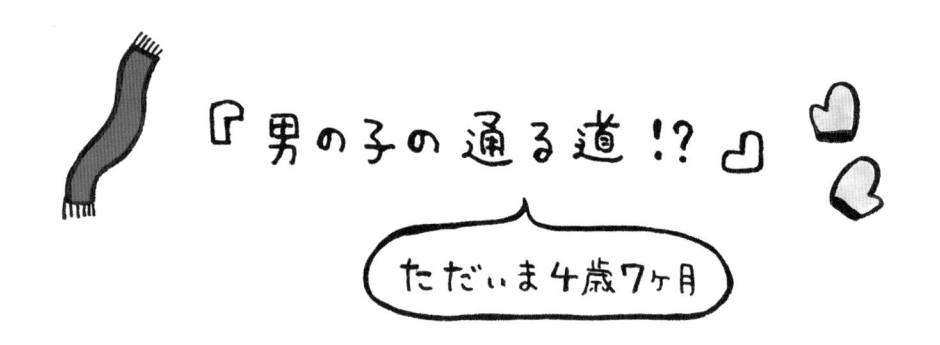

毎日ヒーローものの話

男の子の好きなヒーローものの、ホットちゃんも大好きなようです。仮面ライダー、ウルトラマン、詳しくなってくると、けっこうおもしろいのです。

ホットちゃんは、好きになると毎日その話ばかり、「かあちゃんはさー、どんなライダーが好きなの？　３つ教えて‼」とか、しつこくしつこく聞かれるので、その日の気分で「これとこれとこれ……ベルトがかっこいいからね‼」と話を合わせてきました。

ポケモンでも同じです。「かあちゃんがいまなりたいポケモンは何？」「そうだな〜ミジュマルかな」と、他人が聞いたら、よくわからない話をしています。

5
えっ?!
ねえあのCDをかけて♫
母ちゃんが仕事先でもらった本の付録です
6
ハッ
シンケンレッドシバタケル
ハッ
曲に合わせアクションスターのようです
おお
7
男の子ってみんなこうなのかなー?!
母ちゃんわるい人をやってよ
8
いつまで続くのかわかりませんが…
レスキューファイヤー
これも成長の一環なんですねー!!

『食べるってたのしいね!?』

ただいま4歳8ヶ月

最近のホットちゃんの好物は・・・・
ラーメン大好き
ズル
ズル
いっぱい食べてね!!
すぐにお腹がすくようで
何か食べたくなっちゃった
えー!!さっき食べたばかりだよ
そんな時は・・・
玄米モチで磯辺焼き
よく食べるな
TVのCMの力はすごくて!!
母ちゃん♡こんどエビグラタンつくって
ココアものみたい♡
ふーんそれじゃあこんどね

憧れの卵

　ホットちゃんは卵アレルギーのため、わが家では卵料理、ほとんどつくりません。それでも保育園では出ることもあるので、毎月メニューの相談をし、5歳になったので少しずつ食べられるようにしてきました。加熱させたものならだいぶOKになっています。

　一度、生卵をごはんにかけて食べたら、「胸が苦しい～」と言うのであわててましたが、しばらくするとおさまって、ホッとしたこともあります。

そんなホットちゃんもアレルギーなので卵は食べたことがありません
5歳になったら卵食べられる？
あこがれてるんだねー
苦手な野菜はこんな風にすれば食べてくれます
大根煮もの
コーンスープ
しいたけバターしょう油いため
ピーマン細切りいため
レンコン素あげ
そして、たまには外食も!!
もんじゃ焼きって何？
それじゃ!! こんどいってみようか
すごいおいしー
ハフハフ
大ヒットです!!

『しりとり流行中!』

ただいま4歳9ヶ月

母ちゃん しりとり やろう
いいよー
はじめの頃、しりとりを理解してないホットちゃんは……
いくよ!!
うのつく ものね
それじゃあ
う し
!!
う ま
アレ?! しりとり になってないよ
''
えーじゃあ 次はなに?
うし だから しだよ!!
子どもには意外とむずかしいのですね

ことばを覚えたい

人間の自然な欲求で、このころのホットちゃんも、どんどんことばを増やしている時期でした。しりとりは、大人も頭の体操になってよいです。個性が出るので、わたしは食べものがついつい登場しがち。ホットちゃんはヒーローものがよく出てきました。

絵本なども、毎日読むものはすっかり暗記していました。少し字が読めるようになってからは暗記しなくなりましたが、5歳くらいのときは、寝る前に『しきぶとんさん、かけぶとんさん、まくらさん』（高野文子／作　福音館書店／刊）を読むのが習慣でした。

5
お風呂はしりとりに最適!!
とうがらし
おお!! よくしってるね しのつくものかあ しらす ほし
6
同じ文字が続くとツッコミを入れるホットちゃんです
けしゴム
ハハハ
またしかよ!! しいたけ
7
そして保育園へ行く時も!!
しりとりやる?
いいよー
今朝食べたクリームシチュー
8
しりとりは朝から晩までどこでもできることばあそびですね
チューリップ
プリン
あっしまった

『かあちゃんをお見送り!』

ただいま4歳10ヶ月

朝 保育園にいくと担任の先生にあいさつをして!!
おはようございます
おはようございます
ホットちゃんお友達とすぐに遊ぶ日もあれば……
キャッキャ
キャ
まってー
まずは母ちゃんを見送ってくれる日も……
おはよう あそぼーぜ
声をかけられてもしらんぷり
うん わかった!!
5時にお迎えに来てね

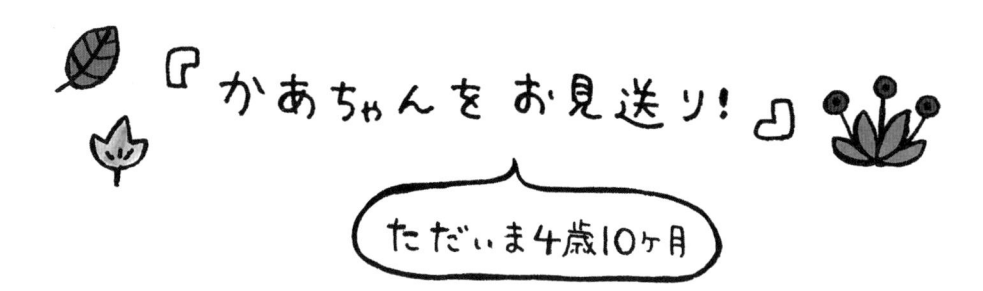

毎日もまれて

このころは、「仲間にいれてもらえなかった」とか、「転んでケガをした」とか、気がかりなことが増えました。

ホットちゃんが不安そうなときは親もちょっと心配です。寝る前にコソっと「今日、こういうことがあって……」といろいろ打ち明けてくれるようになりました。かあちゃんは保育園のノートで先生と園での様子をやりとりして、こころのケアをするようにしていました。

5
そして母ちゃんは仕事タイム
朝は一人でいたけど今ごろどうしてるだろう？
6
成長と共に日々いろんなできごとがあるようです
押されて転んでタンコブできた!!
エーン
カルタに入れてもらえず号泣!!
7
お迎えのじかん
いつも通りみんなとワイワイげんきに遊ぶホットちゃんを発見!!
8
もっとあそびたかったなー
毎日いろんなことがあるけれどホットちゃんを見守っていきたいです
家に帰ったらごはんにしよう!!

『駅まで歩こう！』

ただいま4歳11ヶ月

1
少し前までは駅までの道のり、途中で抱っこでした・・
重いでしょう
う…ん へいき
ホットちゃん 15kg
2
最近はぜんぶ一人でも歩けるように!!
買いものしてこよう!!
いってきまーす
リュックにはおもちゃがぎっしり
3
石のポールを一つ一つ飛び降りながら‥!!
とびおりるから、母ちゃん手をもってて
いっせーのせー
4
川沿いの道を通って!!
水にもぐってるね
カモさーん おーい!!

たくましくなってきた

ホットちゃんが生まれたときは3kgだった体重も、いつのまにか18kgに!! ちいさいときはひたすら抱っこ、ベビーカーや子どもを乗せられる自転車をフル回転させ、いろいろなところへ移動してきました。

駅まで歩いて行き帰りができたときは大きな変化だったかもしれません。そんなホットちゃんも成長を続け、6歳になったいまでは、自転車にひとりで乗る練習をしています。

5
よその庭の果実をながめフフ!!
みかんだね
ほしいほしい!!
6
ストップ!!車くるよー
いきなり走り出す時はあぶない!!
7
今度は休けい
もう一歩もあるけないよ!! のどがかわいた
ちょっと大げさです
8
さあ!! つきました
お茶のもーよ!!
本屋さんにもいきたい
帰り道もがんばって歩こうね!!

『さよなら、ちゅうりっぷ組！』

ただいま 満5歳

1
少し前のこと
ホットちゃん、転園が決まりました
近くの園にあきがでたみたい
今まで遠かったから助かるね!!
2
その話をすると・・・
えーちゅうりっぷ組にずっといくよ
そっかー
急なお別れはさみしいよねー
3
そこでみんなの写真をアルバムにはりました
うんどうかいのもあるね
しょうぼうしゃがきたときだ
4
お世話になった先生や・・・・・
そうですか〜家の近くでよかったですね

1年間ありがとね!!

遠い園だったので、1年間毎日送り迎えをして、あと2年頑張れるかなーと不安に思っていました。近所に歩いて行ける園があるので、思い切って申し込むと、転園できることに!!

ホットちゃんはクラスのみんなとようやくなじんできた頃で、イヤがっていましたが、近づくにつれ覚悟を決めたようです。クラスの子にも自ら報告しました!! と先生が教えてくれて、その成長ぶりがうれしかったです。仲良しだった子とは、離れても写メールで成長した写真を見せ合っています。

5
仲良くなった友達にも報告!!
今までありがとう
また会おうね
キャ
キャ
6
でもまだ、クラスメイトには伝えていません
7
すると何と自分で報告したそうです
あと6回ねたら、ちがう保育園にいくよ!!
へえー
8
さいごの日
友情をたしかめあうホットちゃんです
あそぼーぜ

『まさかの迷子!』

ただいま 5歳1ヶ月

その日はホットちゃん5歳の誕生日
♪ウキウキ♪
たんじょうびだよー
午後、おじいちゃんとおばあちゃんが遊びに来ます
パーティーの買いものに・いきました
ハイイ
母ちゃんはスーパーにいくからケーキとおすしは2人でおねがい
ところが
先に母ちゃんの所へ走っていったんだけど
来てないよー
cake
前にも迷子になったことはあったけど
ハァハァ
いないいない
今回は全然見つからず

ヒヤヒヤの体験

新学期もはじまり、すぐに5歳の誕生日をむかえました。プレゼントにケーキ、午後は誕生日会!!　と浮かれ気味のホットちゃん。テンションもマックスになり、買い物中に走り出してしまいました。

迷子は焦ります。とうちゃんはこのとき、「誘拐され二度と会えない」と、頭が真っ白になったそうです。

転園したばかりの園の担任の先生に助けてもらい、夜は38度の熱を出したホットちゃん!!　忘れることのできない誕生日となりました。

お店でアナウンスをかけてもらい
ハァ
ハァ
店内にはいないようですね
念のため交番にもダッシュして!!
どんな服装ですか?
おかっぱ頭で黒い色のズボンの
ハァハァ
40分たった頃、交番から連絡が!!
ありがとうございます
よかった
なんと!!
保育園の担任の先生と一緒でした
先生の息子さんも同じ歳
駐車場で泣いていたホットちゃんを先生が見つけてくれました
本当によかった!!

「はじめまして、さくら組！」

ただいま 5歳2ヶ月

1
ホットちゃん 新しい保育園に通いはじめました
赤い屋根がみえた
どこ?
2
朝はやっぱりモジモジしていて
こっちにおいでよ
何がはずかしいの
3
時には熱烈なアプローチも
ブチュー
ほらほらちょっとやりすぎ
先生もこれにはびっくり
4
少しずつお友達も増えて
ベイブレードのコマだよ
みせてみせて

20人のお友だち

転園して気がかりなのは、新しい友だちと、うまくやっていけるかな？　ということです。あかちゃんのときからこの園に通っている子たちはすでに慣れ親しんでいるので、ホットちゃんがはじめて行ったときは、「あの子誰？」「名前は？」と、あちこちから声が聞こえました。

　はじめのうちホットちゃんはよく泣いていました。すると女の子が「大丈夫？」とやさしくしてくれたそうで、いまではホットちゃんと結婚する!!　と言ってくれる女の子が数名いるそうです。女の子はおませさんですね（笑）。

5
ふざけて女の子を笑わすホットちゃん
ダァー
アハハハ
キャハハハ
今までにない変化です
6
それからもうひとつ
はじめてクラスメイトが家に来ました
あそびにいっていい？
うん
7
夕ごはんの時間まであそぼうね
こんなのあるよ!!
すげー
かしてかして!!
ワーワー
キャキャ
8
ウクレレとハーモニカ男子2人で盛り上がっていました
友達って楽しいね!!
プー
プー
ジャカジャカジャカ

『めずらしい保育参観！』

ただいま5歳3ヶ月

今日は保育参観です
迎えにきてね
いってくるね!!
朝はいつも通りに別れて…
その後、親はホールに集合
この服に着替えて下さい
なんと!!職員さんの格好に変装します
子ども達はすでに泥んこ遊び
親はちらばって子どもの様子をじっくり観察
チラッ
キャ
キャ

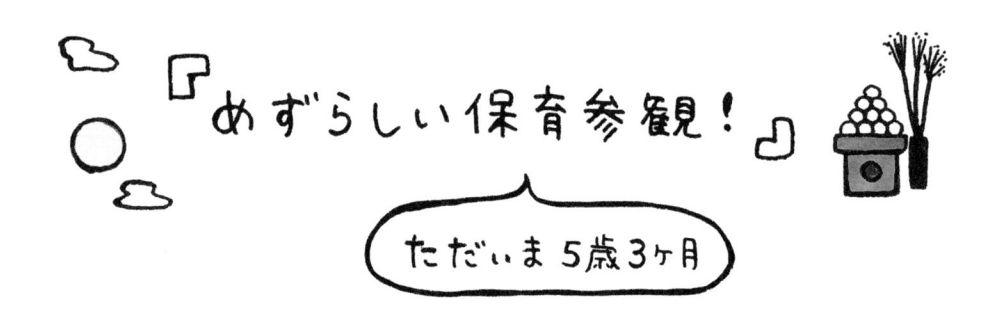

穏やかな保育園

今まで、3つの園を渡り歩きましたが、それぞれ個性が違うのですね。3つ目に辿り着いた近所の保育園、子どもたちがのびのびしていて、穏やかなところが気にいっています。

授業参観は、子どもたちが親にべったり甘えてしまい、普段のようすが見られないと言われていますが、ここはユニークです。おそうじの職員さんに変装し、こっそりあそぶようすを見させてもらうと……ホットちゃんもボンヤリしていたりおしゃべりしていたり……リアルな姿を見せてもらえた気がします。

5
9人も変装して…かなり怪しげですが(笑)
子ども達は遊びに夢中です
ワー
キャー
6
ホットちゃんもいました
裸足になって嬉しそう!!
ワー
ワー
7
ひたすら穴掘り
ヒソヒソおしゃべり
けっこうマイペースにやっているようす
8
最後は親も子も先生も一緒に盛り上がりました
よいしょ
トンネルに水を流そう!!
ガンバレ
普段の生活がみられてよかったです!!

『展覧会で再会!』

ただいま5歳4ヶ月

アセアセ
母ちゃん何しているの?
もうすぐ展覧会だから、作品を作ってるよ
久々の展覧会 ホットちゃんのおばあちゃん(みんみ)と、その友達が10人集まったグループ展です
休みの日、ホットちゃんも一緒にでかけました
子どもきてる?一人じゃつまんないよ
そうだね 誰かいるといいね
土曜日
出品者のY子さん親子が来ていました
Y子さん
大きくなったネ
娘のちいちゃん 小学一年生
はじめはモジモジ ホットちゃん

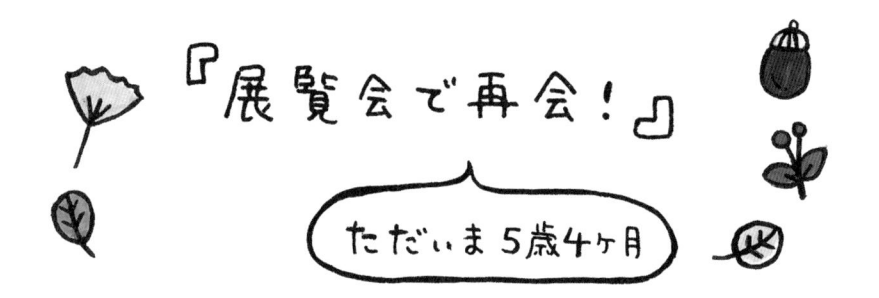

かあちゃんの友だち

ちいさい子どもがいて、仕事もしていると……わたし自身の友だちに会うことが少なくなりました。その分、メールや小包み（年の瀬などによくやりとりしています）で近況を報告したり、励まし合ったりしています。

友だちの子どもは、親戚のような気持ちで、一緒に会うのはうれしいものです。忙しい毎日でゆっくり話をする機会は減ったけれど、子どもが成長し、また友だちに会う時間をたのしみに!! 子育てを、頑張りたいと思います。

その後、すっかり意気投合の2人
おもしろい顔でしょー
キャー
アハハハハ
大きい子に遊んでもらって嬉しいホットちゃん
5
日曜日
そして翌日も!! 子連れの友達がたくさん来てくれました
息子2人つれてきたよ
わあー久しぶりー
6
お昼ごはんを10人でたべました!!
同窓会みたいだね
がやがや
ハハハ
ペチャ
クチャ
7
子どもがいる同士めったに会えないけど
お兄ちゃんとお姉ちゃんやさしかったね
こんな機会があると嬉しい!!です
8

『ぬり絵に目覚める！』

ただいま5歳5ヶ月

ホットちゃんぬり絵にはまっています
母ちゃんこれぬってみたい
いいよ色えんぴつだすね
一年前はほとんど親がぬっていたけど……
もうおわりにする
えーあきちゃったの？
ここ数ヶ月急に熱心になり
ねえみてみて!!
わーすごーい色もきれい
ほめられて自信をつけたホットちゃん
ウキウキ
ぬり絵とくいなんだよね
お!!ここはグレーにしよう

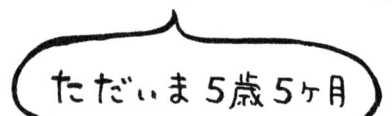

絵が描きたいとき

絵は好きになってほしいけれど、「うまく描けない〜」と気にする場面もあったので、自然に描きたくなるのを待っていました。最近は、自分の中で夢中になっているものがあると、絵を描きたくなるようです。

　絵を描くということは、内側から沸き上がってくる思いを形にするってことなんだな〜、わたしもそんなふうに夢中になれるものを描いていきたいなぁ〜と思うのでした。

⑤
自分で線をかきぬり絵にすることにもチャレンジ
これはワニなんだ
あ!! しっぱいした
⑥
絵のことになるとついつい母ちゃんも口出ししてしまいます
紙がもったいないから、しっぱいしても最後までかくんだよ
ハーイ
⑦
壁にはるとますますやる気になるようです
ギャラリーだね
イルカととりもかくよ
⑧
今朝もギリギリまではりきっています
あと一つかいたらいくよ
保育園チコクする-!

#『お助けトランポリン！』

ただいま5歳6ヶ月

母ちゃんが妊娠したようです
つわりもあって静かにしていると
アレ!! 母ちゃんもう寝ちゃうの?
ちょっと横になるね
ねぇねぇバトルしようよ!!
キャハ
アハハ
あと、さんぽもいきたいし
週末家でたいくつのホットちゃん
そこで…
荷物が届いたよ
なーに?
よいしょ
ジャーン 室内用のトランポリンです
やってごらん!!
のってもいいの?

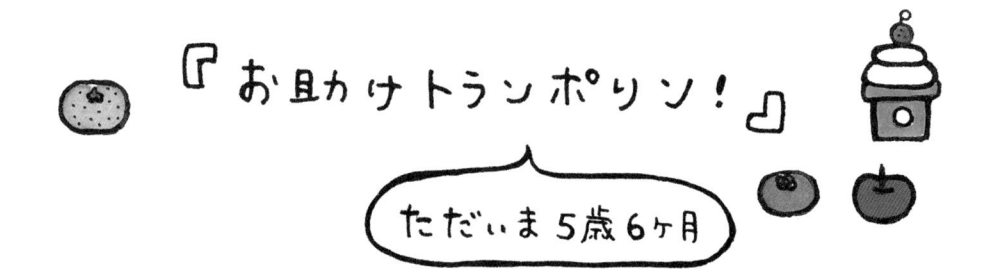

役立っています

トランポリンは、毎日ぴょんぴょん、とても役立っています。部屋の片隅に置いておけば、いつでも飛ぶことができるので、ホットちゃんの友だちが来た時も、みんな飛んでいました。

今回トランポリンを買おうと思ったのは、わたしも第二子を授かり、ホットちゃんを公園やいろいろな所へ連れて行くことが大変になってきたので、家の中で運動ができて、発散になると思ったのです。

大人も使えるので、わたしも無事にふたり目が生まれたら、体力づくりに使う予定です。

5
たのしい!!
子どもの頃 母ちゃんも トランポリンに 憧れたっけ
ビョン
ビョン
6
片足とびだよ
ピョンピョン
おおすごいじゃん
7
そしてこんな使い方も
ひょうたん島
波をチャプチャプチャプチャプ
ホットちゃんのオンステージ!!です
イエーイ
8
ペコリ
どうもありがとうございました
そろそろ母ちゃん寝るよ!!
パチパチパチパチ

『おじゃまします！』

ただいま 5歳7ヶ月

三連休、お休みが続くと退屈なホットちゃん
友達の家にあそびに行く
突然行くと、めいわくだよ
しかし熱意に負けて
1時間だけで、むかえに行くからね
はーい
前はよそのお宅へいっても…
あそんでいったらどう？
母ちゃんもいる？
母ちゃん離れができなかったけど
5歳になり急に積極的に!!
スミマセン あとでむかえにきます
ハーイどうぞ
よっ!!

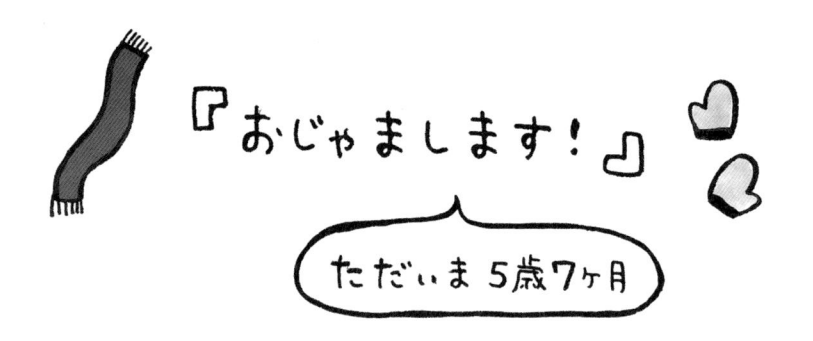

よそのお宅へ

家族以外にはモジモジしていることが多かったので、こんなに早く、よそのお宅へひとりで行けるようになるとは思ってもいないことでした。近所のクラスメートが「うちに来る？」と誘ってくれたことがきっかけです。大人がしきってあれこれ関わるより、子ども同士のほうがうれしそう!!

ホットちゃんの友だちが家に来る時は、あいだにおやつを食べさせたりしながら、かあちゃんは家事をして過ごします。

ホットちゃん、はじめはおもちゃを貸してあげなかったり、ケチな一面も!! 子ども同士、にぎやかに、わいわいやっています。

羽立日 お隣の3歳の女の子のお宅へおじゃますることに!!

5
- 朝からソワソワ
- となりの家に行くのは何時？
- よく仲よくやってますね

6
- 途中から母ちゃんも一緒にお茶をごちそうになりました
- 楽しそうね
- アハハハ
- キャハハハ

7
- 小さい子ってぼくのまねをするよ
- そういうもんだよ
- きょうだいがいないと、知らないことも多いようです

8
そして更に
- 今日は一人でお風呂に入ろうかな
- OK!!
- 自立心が芽生えはじめたようです

『ひとりの練習!?』

ただいま 5歳8ヶ月

1
家中のどこにでもついてくるホットちゃん
ここにいたのか
洗たく干したら戻るから
2
ところが!! 最近
一人にさせて!!
アレ? 珍しいね
ふーん
3
まだ個室はないけど
ぼくの部屋に入らないでね
前はリビングが部屋っていってたのに
4
こっそりのぞくと…大好きなポケモンの世界にひたっていました
おもちゃを並べている
ポケモン全集

気分は冒険家

　このころ、ちょうど『かいじゅうたちのいるところ』（モーリス・センダック／作　冨山房／刊）の映画ＤＶＤを観たところでした。さっそく影響を受けたホットちゃん、ソファを船に見立て、ひとりで冒険に出ることに、想いを馳せていたようです。

　迷子になったこともあるし、ひとりで外に出るのはまだ心配です。学校へ行くようになるまで、少しずつひとりの練習をするホットちゃんを見守っていきます。

5
そして・・・困ったことに
母ちゃん 30分位 買いものに行ってくるから
父ちゃんはいるからね
うん いいよ
父ちゃんは夜、仕事なので 日中は寝てることも
6
買いものから帰ると…
!?
知り合いの方とホットちゃんが歩いていて
7
勝手に外に出ちゃったの？
車道は渡ってなかったみたいよ
うん
たまたま通りかかってくれました
8
とよーく話をきいてみる
パン屋さんまで行ったの
危ないからこんどはダメだよ
母ちゃんを追ってけっこう遠くまで行っていてびっくり!!

#「おにいちゃんになる準備！」

ただいま５歳９ヶ月

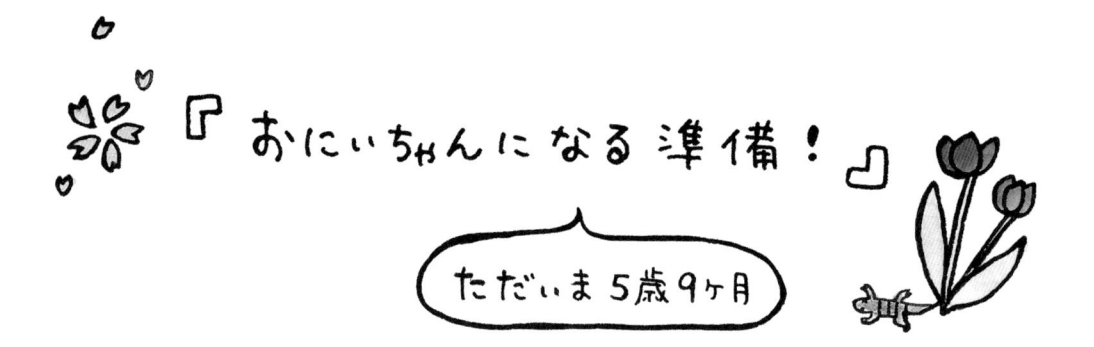

母ちゃん、妊娠7ヶ月
お腹も目立ってきました
わあ!! 体あたりはやめて〜
ドン!!
はじめのころは・・・・
お互いに実感がわかず・・・・
今日病院行ったら、赤ちゃん元気そうだったよう
ふーん
最近は
一緒にでんぐりがえししようよ
赤ちゃん生まれたらやってあげるよ
ハハハ
そんな生活にも慣れてきました
そして何より心配なのは・・・・
母ちゃんが入院の時は一週間、家に帰れないよ
えっ!!
!!

きょうだいって、どんなだろう？

　ホットちゃんにきょうだいをつくってあげたいと思いながらも、仕事が忙しく余裕がなかったので、このままわが家はひとりっ子かなぁ？　と思っていました（わたしも夫もひとりっ子なので、きょうだいにイメージがわかないこともあって）。

　でも、ホットちゃんが保育園の友だちの家にあかちゃんがいるのを見て、「うちにはあかちゃんがいないね」と口にするようになってきたのです。ドキッとしながら「そうだねー、いつの日かやってくるといいねー」と話をしていました。そして、ついにわが家もあかちゃんを授かりました。つわりは大変でしたが、安定期をむかえ体調もラクになり、少しずつあかちゃんをむかえる準備をしています。

⑤
父ちゃんは仕事なので夜はいつも母ちゃんと寝るホットちゃん
入院の時は、ぼく一人なの？
大丈夫 父ちゃんにお休みしてもらうから
えーん
⑥
こうしてお兄ちゃんになる準備を少しずつしているようす
母ちゃんの散歩につき合ってくれる？
⑦
お腹の中で赤ちゃんも話をきいているかな
ぼくハリーポッターになるからね
まほうをかけるよ
⑧
そして
赤ちゃん男の子がいいなー
女の子もかわいいよ!!
これはまだ先の楽しみ♥にしましょう

『自転車と嵐のインフルエンザ!』

ただいま5歳10ヶ月

ホットちゃん 三輪車はさすがに小さくなり
キコキコ
ギューギュー
6歳の誕生日に自転車をと思ってましたが・・・
自転車乗ってみたい
お誕生日の頃は、出産でそれどころじゃないね
そこでちょっと早く自転車の練習を始めました
自転車屋で試乗中
18インチでいいよね
これも乗ってみな
かっこいい!!
自転車に乗ると目線も高くなり 急にお兄ちゃんみたいだな!!
ぼく上手でしょ
ガラガラ

マイ自転車

近所のお友だちが、自転車に乗っているのを見かけて、ホットちゃんも、そろそろ乗れるかな？　と自転車屋さんをのぞいてみました。予想以上にうれしそうなホットちゃん。自分だけのマイ自転車に得意そうです。

　はじめは自宅マンションの周りをぐるっと一周。少し遠出をし、休みの日には、となり駅の図書館まで出かけました。

　わたしも妊婦なので、散歩をかねて歩いてついていくとちょうどよい運動量です。

　寒い季節、インフルエンザにもかかりましたが、すぐに復活して、親子ともども元気になりました。

5
まだ補助輪つきだけど嬉しそうです
下り坂はブレーキブレーキ
わぉー
6
そんな折
保育園で、インフルエンザが大流行
わあ〜妊婦には辛いなー
ホットちゃんも39°Cの発熱
体がダルイ
ブルブル
7
2人ともダウンでも
病院で薬をもらい…
イヤイヤー
うなされてるねー
うーん
8
子どもの回復は早くすっかり自転車に夢中のホットちゃんです
自転車早く乗りたいよ
ゲホゲホ
ゴホゴホ
え!? 母ちゃんまだ治ってないよ

おわりに

まんがにもすでに登場していますが、ただいまおなかにふたり目の子を授かり、いよいよ臨月をむかえています。今回、わがやのホットちゃんを単行本にまとめるお話をいただき、わたし自身、6年ぶりの妊娠なので忘れていることも多く、あかちゃん時代のホットちゃんとの暮らしをいろいろと思い起こしながら、気持ちを新たにしています。今回の出産は、家の近くの病院を選び、新しいいのちの誕生を前に検診に通う日々です。

東北での地震・津波、原発事故で、日本中が不安のなか、わたしと同じ妊婦さん、ちいさいお子さんを持つおかあさんたちはみんな、無事に生まれ、育つことを願っていると思います。

読者のみなさんも、どうぞお元気で！　わたしも絵を描きながら、子どもたちが元気で穏やかに暮らせる世のなかを願っています。

２０１１年春　にしむらあつこ

にしむらあつこ
東京都生まれ。絵本作家。絵本作品に「ゆうびんやさんのホネホネさん」シリーズ（福音館書店）、絵を手がけた作品に『サーカス』（ほるぷ出版）、『ぐぎがさんとふへほさん』（福音館書店）、『おしゃれなのんのんさん』（岩崎書店）などがある。

本書は［月刊クーヨン］（クレヨンハウス発行）2006年4月号～2011年5月号に掲載した「ほんわか子育てまんが　わがやのホットちゃん」に、書き下ろしエッセイを加えて編集しました。

育児絵日記
わがやのホットちゃん

発行日　2011年5月11日　第1刷

著　者　にしむらあつこ

発行人　落合恵子
発　行　株式会社クレヨンハウス
〒107-8630　東京都港区北青山3-8-15
TEL. 03-3406-6372　FAX. 03-5485-7502
e-mail：shuppan@crayonhouse.co.jp
URL：http://www.crayonhouse.co.jp/
装　幀　丸尾靖子
DTP　風穴尚
印　刷　大日本印刷株式会社

ISBN978-4-86101-191-7　C0095　NDC599　136P　19×19㎝